国浩法律文库

私人财富

安全守卫之

THE WAY
TO
PROTECT
PRIVATE WEALTH

律师教您
玩转“守财”法律工具

李世亮　李海嘉——著

法律出版社 LAW PRESS · CHINA

“国浩法律文库”总序

作为我国法治工作队伍的重要组成部分,中国律师已经成为协调推进全面建成小康社会、全面深化改革、全面依法治国、全面从严治党这一治国理政基本方略中一支不可替代、举足轻重的重要力量,并且越来越为党和政府以及社会各界所关注和重视。党的十八届三中全会审议通过的《中共中央关于全面深化改革若干重大问题的决定》特别指出,要“完善律师执业权利保障机制和违法违规执业惩戒制度,加强执业道德建设,发挥律师在依法维护公民和法人合法权益方面的重要作用”;党的十八届四中全会审议通过的《中共中央关于全面推进依法治国若干重大问题的决定》更加明确地指出,要“加强律师队伍思想政治建设,把拥护中国共产党领导、拥护社会主义法治作为律师从业的基本要求,增强广大律师走中国特色社会主义法治道路的自觉性和坚定性”。可以说,对律师行业的发展而言,“这是一个最好的时代”!

在律师业的发展过程中,对律师“专业人士”的角色定位已没有异议,而对于专业人士是应以“学者型”为方向还是以“工匠型”为目标之争却始终存在。其实这应是殊途同归的命题。“学者型”要求才高八斗、出口成章、理论扎实、结合实践,因此注重研讨、注重文章；而“工匠型”也要求一丝不苟、中规中矩、一针见血、心得颇多，所以注重琢磨、注重经验。因此，律师队伍中的“学者们”“工匠们”在日理万机的执业实践中，始终没有放弃研究、忘记总结，不时地成文、著作，并使之成为开拓业务、提高水平的重要手段，而鼓励、引导律师著书立说，一直是律师界的良好传统。

国浩律师事务所作为中国最大的法律服务机构之一，一直专注于服务我国投融资及其相关领域的发展与革新，并坚持在应用法律知识服务于经济社会的同时，不断总结经验，撰写理论与实践相结合的专业文章，并编辑成书。“国浩法律文库”系列丛书就是其成果之一。该丛书因其专业、实用、与时俱进等特点，赢得了各界朋友的较高评价、鼓励和支持。

搭建律师思想碰撞之平台、畅通律师信息传播之渠道、建设律师学问总结之道路、营造律师形象展示之舞台、创建律师文化交流之大厦，这正是我们编辑与出版这一文库的出发点与归宿。

我们真诚地希望“国浩法律文库”能让所有的读者朋友愿意读、读得懂、读后有收获。

中华全国律师协会第六、第七届会长
国浩律师事务所原主席
于　宁

中华全国律师协会副会长
国浩律师事务所首席执行合伙人
吕红兵

自序　律师视角下的“财富安全”

2020年让每个人对“意外”都有了更深刻的认识。来势汹汹的新冠肺炎疫情、首次跌入负数交易的原油期货、当当网“抢章大战”等诸多标志性事件的集中发生给人们带来了深深的震撼，甚至刷新了大家对“安全感”的认知。

毫无疑问，“财富安全”是构筑“安全感”的重要基石。谈及“财富安全”时，各种媒体或宣传中较多提及的是“投资理财视角下的财富管理”，比如投资产品选择、投资风险识别、合理投资组合等。但从律师的视角来看，追求“财富安全”最重要的是要保障您的财富“能按照您自己的意愿支配”、“受到外部威胁时能及时获得救济”，以及“避免因为无知或误解而蒙受损失甚至招致处罚”。毕竟，只有自己能自主支配的财富才真正算得上“自己的财富”，而防范自己的财富受到他人或自己不当行为的侵害，是维护“财富安全”最基本的要求。

为了尽可能地帮助读者朋友理解“法律视角下的财富安全”，并帮助大家对一些威胁“财富安全”的常见问题有较为清晰的认识，本书围绕财富的控制力、财富损失风险防范及树立正确财富管理观三方面内容，试图较为全面地呈现并解答法律视角下个人及家庭财富安全可能涉及的常见问题。

本书共有四篇，分别是：“股权保护——固守您的财富之源”、“法律协议——便捷高效的守财利器”、“家族信托——功能强大的藏宝洞”以及“‘信息透明化时代’的财富安全边界”。在每个篇章的“大话题”下又设置了三至五个细分话题深入分析说明，较为全面地涵盖了婚姻财富风险防范、投资风险控制、债务风险隔离、财富传承、税务合规及跨境资产配置中需关注的各类法律问题。可以说，书中虚拟人物在相应场景下获得的专业的法律咨询意见和您就该类问题在真实场景下向律师咨询获得的信息是一样的。

我们相信，您如果能认真阅读完本书，将获得较为全面的财富守卫法律知识，同时有助于帮您建立起法律视角下对财富安全的正确认知，从而在您自身财富安全受到威胁时能更为准确高效地识别风险，也能及时判断是否需要进一步寻求财富安全领域专业律师的帮助。

国浩律师事务所成立于1998年6月，是经中华人民共和国司法部批准组建的中国第一家集团律师事务所，在每年的钱伯斯（Chambers and Partners）《全球法律指南》、LEGALBAND中国顶级律所排行榜、彭博社（Bloomberg）“The Legal 500 Asia Pacific”、汤森路透（Thomson Reuters）、清科集团“中国股权投资年度排名”等各项专业评比中均名列前茅。国浩律师事务所成立了“国浩家族财富管理研究中心”，以期为高净值客户提供更加全面、专业的家族（企业）财富管理和传承法律服务。国浩律师将充分发挥专业特色，在财富安全直接相关领域，从婚姻家庭、财富风险隔离、财富传承、股权保护、投资风控、家族信托、境外资产配置、税务合规等方面为客户提供全面的“财富安全”保障服务，从而帮助客户规避财产风险。

虽然宏观环境的变化常常让人感觉力不从心、无所适从，但作为具备主观能动性的个体，我们可以通过吸收正确的信息来提升风险识别与管理能力，并做好准备从容应对外界的不确定性。

希以真知正念，与君共勉。

李世亮律师、李海嘉律师
国浩律师（成都）事务所
2020年7月于成都

本书虚拟人物设定

为了增强阅读流畅性和人设体验感，本书大部分知识点都围绕三个具有代表性的虚拟主人翁遇到的财富管理需求场景展开，并由“财富守卫律师组”一一解惑。

一、主人翁王董事长简介

王董事长，1955 年出生，大型民营企业 W 集团实际控制人，身家过亿。王董事长经历过两次婚姻：与前妻张女士育有一子叫作王小团，现年 38 岁，中国籍，已婚，妻子钱女士，儿子王多多 3 岁。与现任妻子李女士育有一子王小峰，现年 31 岁，未婚，在中央机关工作，公务员；一女叫作王小圆，现年 28 岁，未婚，美国籍。此外，在两次婚姻之间，王董事长还与陈女士共同生活过一段时间，后因性格不合未及结婚就分开了，但育有一子叫作王小圈，现年 33 岁，未婚，且因成年后发生的一次车祸高位截瘫，需要长期护理，其生活、医疗及护理开销现由王董事长实际承担。（见图 1）

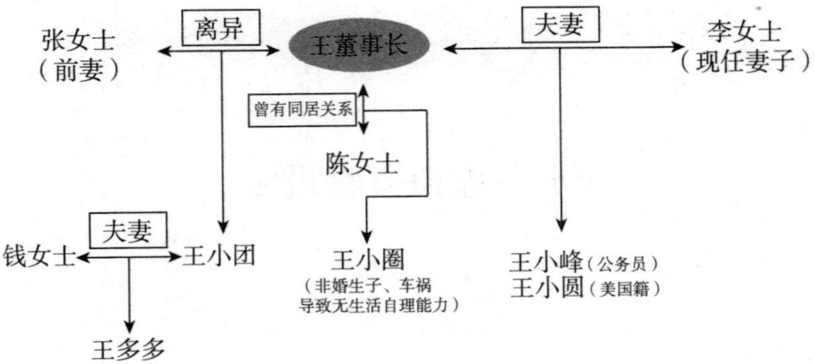

图1　王董事长的人物关系图

二、主人翁杨女士简介

杨女士，1975 年出生，上市公司运营总监，年薪百万元。杨女士只有一个儿子，叫作黄小球，现年 15 岁，杨女士是他的监护人并与之共同生活。杨女士于 2013 年与前夫黄先生离异。离婚时，杨女士通过财产分割获得折合约人民币 3000 万元的资产，离婚协议载明分割给杨女士的资产中已包含黄先生一次性支付给儿子黄小球的抚养费。2017 年，杨女士与赵先生结婚。赵先生原为国企中层干部，两年前下海经商，经营着一家科技类创业公司，收入时高时低，不太稳定。赵先生也曾离异，并与前妻吴女士育有一女赵小方，现年 12 岁，随前妻生活。赵先生根据离婚协议每月向前妻吴女士支付 2000 元作为赵小方的抚养费直至其完成学业，且离婚协议约定该抚养费随 CPI 上涨率每 3 年调整一次。赵先生的离婚协议还约定如女儿赵小方发生大额求学、就医等费用，由赵先生全额承担。（见图 2）

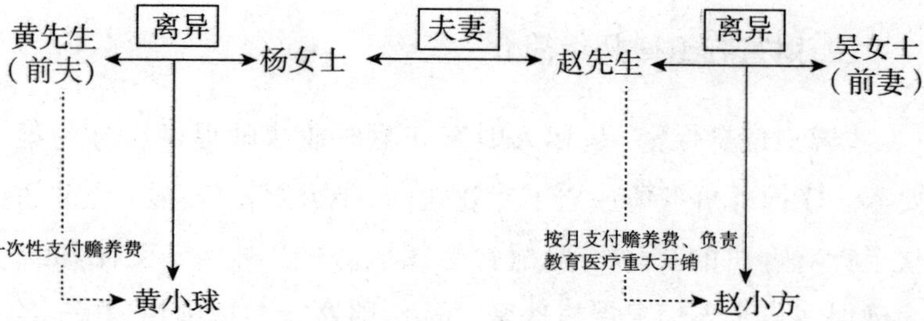

图 2　杨女士的人物关系图

三、主人翁周女士简介

周女士，1974 年出生，全职太太，丈夫徐先生为中型民营企业主，二人育有一子徐小明，现年 12 岁。半年前周女士发现徐先生有外遇，对方为孙女士，二人育有一女徐小红，现年 3 岁，徐先生认可了该事实并且承认过去 5 年来一直负担孙女士和女儿徐小红的生活开销。周女士无法接受该事实，拟向徐先生提出离婚。（见图 3）

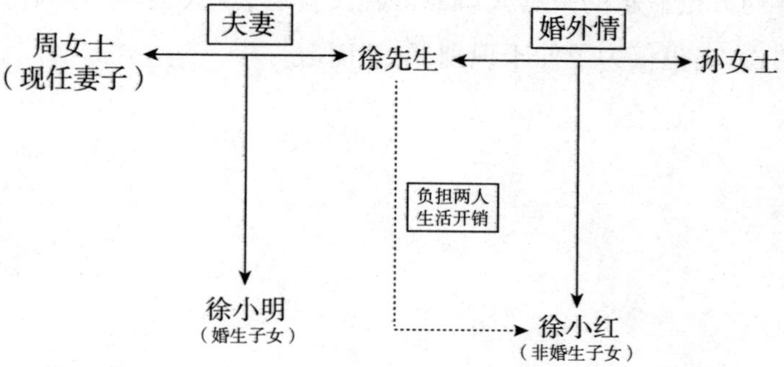

图 3　周女士的人物关系图

四、财富守卫律师组简介

“客户信息保密”是私人财富守卫专业律师提供服务的第一要务。G律师事务所成立了专业化的“私人财富守卫办公室”，设立了针对客户的具体情况配置专属服务的“财富守卫律师组”。为确保客户个人信息严格保密，每个“财富守卫律师组”由一名主办律师与一名协办律师组成，主办律师由经验丰富的合伙人级律师和资深律师担任。客户的个人信息仅由“财富守卫律师组”律师知悉，服务过程中若遇到组内律师无法独立解决的问题，则由主办律师将隐去客户个人信息后的案情提交“私人财富守卫办公室”，根据具体情况协调全所各相关专业律师协同解决。因此，“财富守卫律师组”有能力解答客户遇到的各种问题。

本书主人翁均为虚拟人物，人物家庭状况及财富守卫诉求也是为了便于说明相关知识点而编写。为了尽最大可能地避免被无端揣度、对号入座，本书涉及的人物姓氏完全按照2019年国家统计局数据显示的中国人口最多姓氏排名，从人数最多的姓氏中选用，人名也仅为了便于识别，随意而取。

目　　录

第一篇
1. 股权保护——固守您的财富之源

第一章　股权继承中“控制权”保护 …………………………… 3

一、正确认识可继承的股权份额 …………………………… 3

二、股权继承中的股权份额、财产权利、控制权 ………… 6

三、企业继承人的合理约束 ………………………………… 8

四、特殊身份人员的股权继承问题 ………………………… 10

五、敲黑板，画重点 ………………………………………… 12

第二章　“代持”法律风险防范 ………………………………… 14

一、股权“代持”的法律风险 ………………………………… 14

二、《股权代持协议》应该怎么签 ………………………… 19

三、房产“代持”法律风险及防范 …………………………… 21

四、“代持”法律风险防范关键点 …………………………… 22

五、敲黑板，画重点 …… 23

第三章　股权融资高频法律风险防范 …… 25
一、原股东公司控制权丢失风险防范 …… 25
二、原股东对《对赌协议》风险防范 …… 28
三、原股东刑事法律风险防范 …… 30
四、敲黑板，画重点 …… 32

第四章　小股东权利保护 …… 33
一、知情权——小股东的基础权利 …… 33
二、异议回购——小股东权利兜底 …… 35
三、分红之诉——小股东核心权利保障 …… 37
四、股东代表之诉——小股东维权武器 …… 38
五、退出公司——小股东权利底线捍卫 …… 42
六、敲黑板，画重点 …… 44

第五章　基金投资人权利救济 …… 45
一、基金投资人权利救济启动时机 …… 45
二、派生诉讼 …… 49
三、代位诉讼 …… 50
四、主张损害赔偿责任 …… 53
五、敲黑板，画重点 …… 54

第二篇 2 法律协议——便捷高效的守财利器

第一章　婚前财产协议 …… 57
一、签署婚前财产协议的必要性判断 …… 57
二、各类财产婚后混同风险分析 …… 59
三、财富守卫律师组的总结 …… 67
四、婚前财产公证 …… 68
五、敲黑板,画重点 …… 70

第二章　婚内财产协议 …… 71
一、婚内资产也可分割 …… 71
二、婚内财产协议应如何约定 …… 73
三、签署婚内财产协议应避免的问题 …… 78
四、婚内财产协议的外部效力 …… 80
五、婚内财产协议公证 …… 82
六、敲黑板,画重点 …… 82

第三章　离婚协议 …… 84
一、协议离婚 …… 84
二、离婚协议的基本要求 …… 86
三、离婚协议的必要内容 …… 88

四、拟定离婚协议需关注的问题 …… 92
五、敲黑板,画重点 …… 94

第四章 遗嘱 …… 96
一、遗嘱订立的时机 …… 96
二、遗嘱订立的价值 …… 98
三、遗嘱订立的内容 …… 99
四、遗嘱的订立方式 …… 105
五、遗嘱的局限性 …… 107
六、敲黑板,画重点 …… 109

第三篇 3 家族信托——功能强大的藏宝洞

第一章 解密家族信托 …… 113
一、家族信托是什么 …… 113
二、家族信托与信托理财产品的区别 …… 115
三、家族信托的要素 …… 116
四、家族信托的主要功能 …… 119

第二章 境外设立家族信托介绍 …… 124
一、中国香港地区、新加坡、英属维尔京群岛(简称 BVI)家族信托 …… 124

二、美国家族信托 …… 127
三、瑞士家族信托 …… 130
四、敲黑板，画重点 …… 131

第三章　境内设立家族信托路径 …… 133
一、境内设立家族信托的基本要求 …… 133
二、境内设立家族信托司法保障 …… 136
三、境内设立家族信托实务 …… 137
四、境内设立家族信托税务考量 …… 140
五、敲黑板，画重点 …… 141

第四章　家族信托法律风险防范 …… 143
一、信托财产独立性保障 …… 143
二、信托财产被强制执行风险规避 …… 146
三、信托财产合规合法 …… 148
四、信托财产需权属清晰 …… 150
五、敲黑板，画重点 …… 152

4 第四篇 “信息透明化时代”的财富安全边界

第一章　金税三期——中国进入税务透明时代 …… 157
一、金税三期带来税务征稽改变 …… 157

二、企业财务暴露于阳光之下 …………………………… 160
三、金税三期高净值人士的影响 ………………………… 162
四、金税三期下民营企业主需高度关注的风险 ……… 165
五、敲黑板，画重点 ………………………………………… 167

第二章　CRS——世界步入税务透明时代 ……………… 168
一、CRS 是什么 ……………………………………………… 168
二、CRS 与中国 ……………………………………………… 170
三、CRS 带来的实质影响 …………………………………… 172
四、CRS 下应避免的思维误区 ……………………………… 176
五、敲黑板，画重点 ………………………………………… 178

第三章　跨境信息透明化时代您必须知道的事 ……… 179
一、反洗钱 …………………………………………………… 179
二、实际受益人识别 ………………………………………… 183
三、世界经合组织《披露规则》……………………………… 185
四、敲黑板，画重点 ………………………………………… 188

主要参考文献 ……………………………………………… 190

附件一　拓展阅读——财富保卫相关案例 ……………… 195
一、普加乔夫资产保护失败案——过度强调控制权导致
　　信托"保护无效" ………………………………………… 195
二、"俏江南"张兰控制权失去案——对赌协议导致实际

控制权被削 …………………………………………………… 202
三、龙湖地产董事会主席吴亚军离婚案——信托架构保护了公司股权结构稳定 ………………………………… 207
四、"真功夫"蔡达标股权纠纷案——不合理公司架构隐患产生滚雪球效应 ………………………………………… 210
五、亚洲前女首富华懋集团龚如心遗产纠纷案——遗嘱引发诉讼纠纷 ………………………………………… 215
六、上市公司高管离婚股权分割案——婚姻状况变化时的股权分割 …………………………………………… 219
七、夫妻共同债务问题——小马奔腾《对赌协议》导致遗孀负债上亿元 ………………………………………… 222

附件二　家庭财富安全相关规定 ……………………………… 226

第一篇

股权保护

——固守您的财富之源

1

第一章　股权继承中"控制权"保护

自从一周前在集团董事会上突发眩晕导致会议中止，王董事长就一直心事重重。虽然事后医生表示只是近期过于疲劳以及有些低血糖，但这件事还是深深触动了他。多年打拼创下偌大的家业，长久以来集团上上下下养成的管理习惯也导致决策事项非自己不可，集团的关键信息也只有自己才全面掌握。虽然上周的事情算是虚惊一场，但毕竟"意外和明天，不知哪个先到"，为了企业和家庭的稳定和延续，看来还是要早做打算……经人推荐，王董事长预约了 G 律师事务所的"财富守卫律师组"，希望能就企业传承获得专业意见。毕竟企业才是王氏家族的最主要财富，任何情况下 W 集团都能健康运营是王董事长最大的心愿。虽然集团也有长期合作的优秀律师，但毕竟专业服务讲究"术业有专攻"，这跟看医生是一个道理。

一、正确认识可继承的股权份额

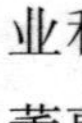 **王董事长：**

想必你们也有所耳闻，W 集团现在也算行业龙头之一，也是

我毕生心血，稳妥地交接班，保证企业经营不会因为我个人有什么意外而发生波折是我最大的心愿。基业长青才能保障整个家族生活富足，子子孙孙都有好的成长环境，家族一直繁荣昌盛。我的家庭关系相对复杂，结过两次婚，中间还经历过一次事实婚，就是共同生活并生养了一个儿子但没领证，后来又分开了。所以现在有四个孩子，三儿一女，大儿子一直在集团跟我历练，也是我中意的接班人选，但儿媳妇我自来不怎么满意，总有些疑心她当初嫁给我儿子的动机不那么单纯，但大孙子却是我最爱的。最小的儿子研究生毕业后就在中央部委工作，工作能力也很强，虽然他目前没想过继承家业，但还是很关心公司的经营，公务员收入不高，为了他安心体面地工作，家里也给了他不少补贴。女儿已经移民美国。二儿子是非婚生的，孩子是个好孩子，可惜天意弄人，他大学刚刚毕业就出了车祸导致高位截瘫，我也很是伤心，多年来我也一直给他安排很好的医疗和护理并承担了他全部的生活与医疗开销等。我现在就想能够趁自己有能力的时候安排好，避免万一我突然出什么意外家里出大乱子。

从公司层面来看，目前，我是W集团的实际控制人，在集团层面持股55%，下属公司里面没有单独再持股。我的主要合伙人谢总是当年一起创立W集团的老伙伴，他在集团层面持股30%，也没有另行在集团子公司层面持股。另外15%的股权则是由比较分散的小股东持有，主要也是集团管理层。因为我个人名下股权已经超51%，所以我认为自己对集团的掌控力还是很强的，在这样的情况下，企业股权传承还有什么需要注意的吗？

财富守卫律师组：

王董事长您好，就目前W集团的股权结构，以及您的家庭状况来看，我们认为虽然当下您是集团的实际控制人，但涉及股权及企业的传承，可能变数还比较大，还远不能认为一切尽在掌握。

首先，您的女儿已经28岁，而W集团创设于25年前，从这一情况来看，您是在与现任妻子李女士婚后才创立的W集团。所以，目前登记在您名下的W集团55%的股权实际上是您与李女士的夫妻共同财产。换句话说，真正属于您个人，可能成为您的遗产或可以由您个人支配的在生前即转让给您中意的企业继承人的股权份额只有27.5%。而您的主要合伙人谢总也是集团创业元老，且持有30%的股权，另有15%的股权在管理层手上。所以，从目前情况来看，假设在没有任何提前准备的情况下就发生极端意外，归属于您个人的股份将被平分成5份，即您的妻子和4个孩子平均继承，每人只有5.5%的股权，届时您的妻子李女士将拥有集团33%的股权，成为第一大股东，但由于李女士从来没参与过集团经营，即便是第一大股东也很难把控企业。此外，即便您通过遗嘱将属于您个人的全部股权传承给您的大儿子，且不说这会伤及其他家庭成员的根本利益，可能引发不和，也会直接导致谢总成为集团第一大股东。以上两种情况都可能使其他管理层股东考虑到企业经营的延续性而与谢总联合，从而出现您的家族无法再掌控W集团的状况。

所以，想保持住您的核心家族成员能持续掌控W集团，是需要严密设计的。精巧平衡各家庭成员，尤其是您的大儿子、小儿子、女儿及李女士之间的利益，确保大家一直拧成一股绳，才能保证在 W 集团股权的传承中您家族的控制权不旁落。

二、股权继承中的股权份额、财产权利、控制权

王董事长：

听你们这样一说，情况确实比我想象的复杂。大儿子不是现在的妻子生的，不平衡好也确实不敢保证他们真能自觉拧成一股绳。但除了大儿子，目前也没有其他人在集团里服得了众，有能力接替我经营企业。如果企业经营不好，或者控制权旁落他人，其他子女也得不到好处。有没有比较好的防范内部争执、让大家团结一致的方式呢？

财富守卫律师组：

从您介绍的情况来看，李女士以及她的亲生子女，即您的小儿子和女儿，目前是没有经营 W 集团的意愿和充分准备的，而二儿子身体状况不允许。如果能平衡好各方的现实利益，让大家联合起来支持您的大儿子继承家业，经营好 W 集团是完全有可能的，因为把企业经营好才符合家族全体成员的根本利益。

从法律角度来看，股权代表的是对企业的财产权和决策权，而通过结构性安排，同一股权份额上的这两项权利是可以拆分后由不同的人享有的。从您家的情况来看，您中意的接班人是您前妻生的大儿子，也一直在栽培他，他的能力也得到了公司上下的认可。从李女士及其子女从未参与企业经营，也能看出他们对您

大儿子企业经营能力的认同，所以，只要他们的切身利益得到保障，他们应该也会支持由您大儿子来主导家业。这样的情况是非常适合通过股权份额的“决策权与财产权分离”来实现各方利益平衡的。同时，您二儿子身有残疾不便继承家业，其需要的也是经济权利的保障。

从操作角度来说，您可以考虑趁年富力强即着手搭建这样的架构，各方利益由您出面协调平衡也最能达成理想效果。最简单的方式是由各个家庭成员通过签署协议来形成“家族宪章”。具体来讲，先由您的妻子李女士正式将其潜在持有的股权部分的决策权委托给您，并正式确认由您指定未来股权决策权的继承人，其他潜在继承人也通过签署该协议承诺未来股权继承发生后，将其继承的股权份额代表的决策权委托给您指定的继承人统一行使，并且将其作为股权继承生效的附加条件。但股权份额所对应的经济权利，如分红权、股权转让对价还是由股权份额的实际拥有人享有，这样就可以较好地平衡企业控制权传承与家庭成员经济利益分配。

综合考虑未来由您的大儿子继承家族事业，其他家庭成员主要获得纯粹经济利益的实际情况，也更便于您说服其他家人接受将较高比例的股权由您的大儿子继承。而从年龄上看，您与现任妻子李女士结婚时您的大儿子未成年，大儿子也是由您和李女士一起抚养长大的，即他与李女士也属于《民法典》继承编第一千一百二十七条中规定的“有扶养关系的继子女”情况，是法定的第一顺位继承人。那么也可以说服李女士将其所应享有的股权份额的一部分由大儿子继承，或者直接在您和李女士生前即以赠与的方式转让给他，以确保其在 W 集团有充分的利益，也有利于其积极经营，确保其他家庭成员的经济利益。

此外，您的家庭成员还可以约定在某些情况下以某种条件让您的大儿子收购其他家庭成员的股权，从而让其他人可以加速实现经济利益，从而让您的大儿子逐步获得对 W 集团的实际所有权。

三、企业继承人的合理约束

王董事长：

这样的股权“经济权利与决策权分离”，倒是非常符合我家的实际，我会通盘考虑后告诉你们我的决定，再由你们来具体起草文件落实。但我还有另一个担忧，如果大儿子按你们提的方式顺利取得 W 集团的控制权后变得刚愎自用，导致可能损害集团利益的情况发生时，其他家庭成员还有办法限制他吗？另外，就是我一直对我大儿媳不太满意，虽然按你们之前所说，我可以通过遗嘱中载明遗产仅给我儿子，但说句不好听的，万一我的儿子出了什么意外，她还是我大儿子的继承人，如果孙子还小，孙子的那部分也是会由她控制……每每想到这里，就感觉特别不踏实，是否有什么好的办法解决呢？

财富守卫律师组：

我们先来回答您的第一个问题。假设您的大儿子在获得家庭成员委托的股份决策权后未能正常履职，其他家庭成员是可以撤销他的代表权的。因为从法律关系上讲，其他家庭成员将自己实际持有的股权份额所代表的决策权交由您的大儿子行使，实质上是一种委托代理关系，委托人有权单方面撤销该委托。不过，为了避免决策权委托撤销太过随意而引发公司经营管理问题，违背了您将家人最大限度地团结起来统一行事的初衷，比较简便的办法是在刚才提到的“家族宪章”中约定要超半数或三分之二以上“家族宪章”签约人同意的情况下才允许撤回股东决策权委托，并且也尽可能将有可能导致股东决策权委托撤回的情况列举出来，以作警示。

而您提到的第二个问题，如果仅仅通过遗嘱是无法避免的，因为您的遗嘱无法分配您儿子的遗产。而通过“家族宪章”则可以事前约定股权份额决策权的归属和变化归属的程序，但也无法改变您大儿子发生极端意外时其财产将被您大儿媳实际掌控的情况。鉴于您的担忧，我们建议可以考虑以“家族信托”的方式来持有您全家享有的 W 集团股权，然后通过设立信托保护人和信托受益人的方式来完成企业控制权和财产权利的传承。简单来说，就是将您全家持有的 W 集团股权转移至为您专设的“家族信托”名下，再通过严密的信托协议安排，让家族信托的保护人享有该家族信托持有的 W 集团股权的决策权，而将股权对应的财产权利由各个家庭成员按照信托协议作为信托受益人分享。在您有能力继续担当 W 集团实际控制人时，可由您本人担任该家族信托的保护人；在您不具备这样的条件时，则您指定的人选可以接替您成为信托保护人，履行相应职权。您还可以在信托协议中针对如何委派企业管理者、领导者作出细致安排,包括在您指定的信托保护人出现问题的情况下,根据事前拟定的信托协议的安排和程序有序处理,通过家族大会、家族委员会最终选派合适的企业接班人。

从资产保护的角度来看,由于股权及其他重要资产法律上是属于"家族信托"的财产,独立于任何家庭成员的个人财产,因此也就不会轻易受到个人婚姻变故或死亡带来的财产分割影响,相较于其他家族财产管理形式,具有更高的稳定性。而从照顾缺乏独立生活能力的继承人和保护未成年人的角度来看,家族信托也是非常好的形式,它可以通过事先的信托受益权安排,让需要照顾的继承人持续稳定地获得信托收益,也可以将对其履行照顾义务作为其他负有照顾义务的家族成员获得信托收益的前置条件,从而敦促家族成员更好地承担照顾工作。

当然,家族信托的设立,尤其是需要其真正发挥到预想的作用,涉及非常复杂的法律结构安排和法律协议起草,也会发生一定的信托管理费用和资产转让税费。如王董事长您很有兴趣,我们可以就此向您专项介绍。

四、特殊身份人员的股权继承问题

王董事长:

你们刚才提到的由"家族信托"持有 W 集团股权的提法很有意思,但感觉比较复杂,看来需要另外约时间探讨。眼下我还有两个比较小的问题想请教一下。一是我的小儿子是公务员,他能够继承企业的股权吗？二是我的女儿目前已经是美国籍了，她如果继承了 W 集团的股权，是否会导致公司成为外商投资企业呢？

财富守卫律师组：

您提到的这两个问题确实是股权继承上具有特殊性的情况。首先，我们来看公务员继承股权的问题。从继承法律关系讲，您的小儿子可以通过法定继承或者遗嘱继承而取得您享有的 W 集团股权，成为 W 集团的股东。但是，《公务员法》第五十九条第（十六）项明确规定了公务员不能从事或参与营利性活动，不得在企业或其他营利性组织中兼任职务①，因此您的小儿子作为国家公务人员，受《公务员法》的限制，虽然有继承资格，但如要登记成为 W 集团这样的非上市公司股东可能会面临实质性障碍。但我们认为《公务员法》对公务员参与营利性行为的限制是从廉政目的出发，并不是剥夺公务人员的财产继承权利，所以可以考虑通过股权代持或者如之前提及的成为“家族信托”受益人的方式来解决这个矛盾。考虑到公务员管理中的财产申报制度，具体操作上还需征求您小儿子意见后决定。

而您的女儿是美国籍这个问题，在股权继承中不会有实质性影响，从现有的司法判例来看，因继承导致内资企业的股东变更为外籍人士的，均不改变企业的内资性质。其法理依据是，公司是否被认定为“外资”，是需从其注册资金的来源地来判断的。该

---

① 《公务员法》第五十九条规定：“……（十六）违反有关规定从事或者参与营利性活动，在企业或者其他营利性组织中兼任职务；……”

“外资企业”判断标准从《商务部关于外国投资者并购境内企业的规定》（商务部令 2009 年第 6 号）第五十五条规定的“境内公司的自然人股东变更国籍的，不改变该公司的企业性质”，以及《国家外汇管理局综合司关于取得境外永久居留权的中国自然人作为外商投资企业外方出资者有关问题的批复》（汇综复〔2005〕64 号）规定了中国公民在取得境外永久居留权前在境内投资举办的企业，不享受外商投资企业待遇，均可以看出来。

五、敲黑板，画重点

1. 在考虑企业传承架构安排时，准确区分可继承的股权份额是至关重要的。

2. 股权份额的财产权利和股东决策权可以相对独立地切分开来由不同人享有，这对于家族企业传承中达成企业控制权集中与各继承人的财产权利保护的目标非常重要。

3. 通过家庭成员共同签署协议来约定家族企业传承的重要事项，形成“家族宪章”，对于家族企业传承具有重大现实意义。

4. 对于超高净值家庭和大中型企业主，建议通过设立“家族信托”来传承企业，规避继承中资产旁落风险。

5. 记住这几个股权比例和其一般情况下代表的对公司控制权：

（1）100% 股权——超绝对控制权；

（2）三分之二以上股权——绝对控制权；

（3）二分之一以上股权——相对控制权；

(4)大于三分之一的股权——法定重大事项否决权;

(5)10%以上股权——临时股东会提议和股东会召集、主持权,解散公司请求权;

(6)3%以上股权——股份公司股东大会提案权;

(7)1%以上股权——股份公司股东代表诉讼权(要连续180日以上持有)。

筚路蓝缕,以启山林,栉风沐雨,薪火相传。创业唯艰,守业亦难。如何平稳顺利完成第一代企业家向第二代企业家的企业控制权交接,如何在交接过程中平衡各方利益实现团结共赢,是当代企业面临的重大挑战。充分利用好法律工具,无疑可以让这个过程更理性也更加平顺。

第二章 “代持”法律风险防范

三天前，杨女士的弟弟在电话中提到了其与弟媳因为家庭琐事闹了不小的矛盾，甚至提到“实在不行就离婚”。杨女士规劝之余不禁想到一个问题，两年多前，自己给朋友高女士新创立的A公司投资了50万元，获得了5%的股权，但考虑到自己公司高管的身份，如果实名持股需要给公司多重报备也颇麻烦，于是让弟弟出面代持，如果弟弟真的离婚，弟媳会不会争要这笔财产呢？此外，由于看好公司附近新开盘的一套房产，自己又不符合相关“限购”政策，已经让父母代买代持一套商品房，这又会面临什么风险呢？

越想越不踏实，经人介绍，杨女士得知G律师事务所“财富守卫律师组”在私人财富保护法律服务方面非常专业，杨女士决定咨询专业意见。

一、股权“代持”的法律风险

杨女士：

我是两年多前朋友初创公司时“凑了个份子”，投资给朋友公司50万元，对应获得A公司5%的股权。因为我公司有“对外股权投资申报”的内部规定，所以大家一般都不会明着用自己名字在外面做股权投资，但公司方面也是约定俗成“不实际参与经营，不实名持股”就不管，所以我就让我的弟弟帮我代持的A公司股权，工商登记是他的名字。因为我与弟弟的关系自来很好，所以当年也没有签《股权代持协议》什么的，但几天前通话中他提到在跟弟媳闹离婚，我也有些风险意识，心里感觉不踏实，所以想咨询一下“代持”到底会有哪些法律风险。

财富守卫律师组：

现实生活中，很多高净值人士考虑到身份限制、购房资格，甚至是为了个人资产与企业债务风险隔离，而选择将房产、股权等重要资产登记到父母、兄弟姐妹甚至是信得过的亲朋好友名下。我们将这种行为称为“资产代持”，即让其他人代替本人持有财产。资产代持是非常常见的，很多情况下甚至是必要的安排，在一定程度上可以满足高净值人士的客观需求。从法律角度看，实际所有人与代持人之间是一种具有法律效力的“委托代理”关系。“代持”很容易产生风险的财产安排，其风险涉及方面较多，我们可以从您最关注、感觉最紧迫的方面入手，逐一为您分析。

（一）代持人婚姻变化导致法律风险

杨女士：

目前我觉得最直接的威胁就是万一我弟弟离婚，弟媳清楚知道弟弟帮我代持这个事，所以我担心弟媳会不会来主张分割这个股权。我朋友这个A公司这两年发展得非常好，已经有投资机构在考虑投资，估值是当年注册资本的三四倍了。

财富守卫律师组：

这确实是很现实的一个威胁。根据您刚才提及的情况，您和您弟弟之间并未签署《股权代持协议》，也就是说，一切约定都是口头的，那么即便你弟媳知情，离婚分割财产时，她也可以主张"没有代持的事"，反而主张是您弟弟为了转移婚内财产，而与您串通捏造"股权属代持"的说法。尤其是您提到目前A公司发展势头很好，股权的实际价值已大幅提升，即便您拿出了实际是由您给A公司转账的凭证，您的弟媳也可以主张只是您借钱给他们投资，只归还您本金部分，A公司股权则作为婚内财产进行离婚分割。

此外，我们再提示一个与您弟弟婚姻家庭财产关系相关的风险，就是在现有的条件下，万一您的弟弟遭遇意外或疾病死亡，其代持的A公司股权按您现在的描述也很可能被认定为需分割。也就是说，本由您弟弟代持的A公司股权会基于您弟弟与弟媳的婚姻关系，以及该项投资发生于婚内，而被当然认为是您弟弟和弟媳的婚内财产，其中一半属于您弟媳，另一半则作为您弟弟的遗产在他的妻子、孩子、父母之间平均分配。而您作为他的姐姐，并非您弟弟的"第一顺位继承人"，这种情况下是无法参与遗产分配的。

综上所述，建议您尽快与您的弟弟补签A公司《股权代持协议》，建立"代持"法律风险的第一道"防火线"。

（二）代持人债务风险带来法律风险

杨女士：

我还想到另一个问题，我弟弟也是做生意的，近两年生意不好做，三角债比较严重，弟媳跟他争吵也和这个有关系。我能用什么方式隔离这个风险呢，签《股权代持协议》可以吗？

财富守卫律师组：

您的考虑是对的，资产代持中最普遍也最难防范的法律风险就是代持人的债务隔离问题。因为法律上有“善意第三人信赖利益保护”，还有“外观主义”的原则，即公示体现出来的权利外观，导致第三人对该权利的归属产生信赖，即使真实状况与该第三人根据“外观”而判断的状况不符，只要该第三人的信赖合理，第三人基于该信赖而进行的民事法律行为效力即应受到法律的优先保护。就您弟弟帮您代持A公司股权来说，因为工商登记等一切可查询的公开资料上显示的股东都是您弟弟，如果发生了您弟弟因为未能清偿到期债务而被他的债权人起诉并成为被执行人时，其债权人是有权依据工商登记中记载的股权归属，向人民法院申请对您弟弟代持的A公司股权强制执行的。此时，如果您作为隐名股东以案外人身份请求停止执行A公司股权，并要求法院确认你是真实的所有权人，法院也可依据《公司法》第三十二条、商事裁判规则中的外观主义原则以及对善意第三人的信赖利益的保护原则，对您作为隐名股东的诉请不予支持。

该风险也是无法通过您与您弟弟签署《股权代持协议》而完全避免的，因为即便你们补签了《股权代持协议》，该协议也不可能让您弟弟所有的潜在债权人都知道，所以，真的发生您弟弟因为未能清偿到期债务而成为被执行人时，您弟弟替您代持的A公司股权就会面临很高的被强制执行风险。

（三）股权“返还”难以实现的风险

杨女士：

看来“股权代持”可能面临的问题还不少。除了被当作我弟弟自己的财产而被处置之外，他帮我代持A公司的股权还可能遇到什么高发的问题呢？

财富守卫律师组：

实践中，隐名股东想要让股权代持人“返还”股权往往也容易引发争议。代持人否认“代持”自不必说，即便在代持人完全愿意配合的情况下，公司其他股东也可能提出异议。从性质上来看，股权代持中的实际出资人的权利义务并非公司股东的权利义务，而是基于代持关系与名义出资人之间的委托代理权利义务。而有限公司资合性和人合性高度统一，公司股东之间的关系往往不仅仅是出资关系，通常还有基于人和资源的合伙性质，保证这种关系的稳定性是很有必要的，因此，《公司法》第七十一条明确规定了“股东向股东以外的人转让股权，应当经其他股东过半数同意……经股东同意转让的股权，在同等条件下，其他股东有优先购买权”。[1] 这里的“股东”是指登记于股东名册或工商登记的股东，即“显名股东”。以您和您弟弟为例，如果您弟弟现在要把股权“转回”到您的名下，由于您名义上并不是A公司的股东，您弟弟转让给您是需要A公司持股权高于50%的股东同意或默认的，而且同等条件下包括您朋友在内的其他A公司股东都有优先购买权。但这个股权“返还”的困难我们可以通过让其他股东事前签署《股权代持知情函》的方式来解决，所以，建议您在尽快跟您弟弟补签《股权代持协议》的同时，也让您朋友协助，让其他A公司股东配合签署《股权代持知情函》。

此外，因为您弟弟股权“返还”给您从法律角度看还是进行了一次股权买卖交易，就会发生相应的交易税费，这个是难以避免的。

二、《股权代持协议》应该怎么签

杨女士：

看来当务之急是我得抓紧跟我弟弟商量并补签《股权代持协议》。这个协议的关键内容是什么，还有哪些配套的工作需要做？

---

① 《公司法》第七十一条规定：“有限责任公司的股东之间可以相互转让其全部或者部分股权。股东向股东以外的人转让股权，应当经其他股东过半数同意。股东应就其股权转让事项书面通知其他股东征求同意，其他股东自接到书面通知之日起满三十日未答复的，视为同意转让。其他股东半数以上不同意转让的，不同意的股东应当购买该转让的股权；不购买的，视为同意转让。经股东同意转让的股权，在同等条件下，其他股东有优先购买权。两个以上股东主张行使优先购买权的，协商确定各自的购买比例；协商不成的，按照转让时各自的出资比例行使优先购买权。公司章程对股权转让另有规定的，从其规定。”

麻烦先告诉我一下，我好提前跟弟弟沟通。

财富守卫律师组：

首先，《股权代持协议》的内容需要非常明确。除了约定清楚公司名称、股权份额等代持的股权标的情况之外，建议在协议中对双方的权利义务进行约定，比如被代持股权及其孳息的归属、对名义股东的补偿、名义股东必须按隐名股东意志履行股东权利和义务，如有违背需承担的违约责任等，鉴于股权代持的特性，建议将名义股东违背隐名股东意志的违约行为约定高额违约责任，这样可以尽可能地保留对股权的实际控制权。

其次，为了避免在隐名股东希望代持人“返还”股权的时候制造障碍或故意拖延，可以考虑在签订《股权代持协议》的同时签署被代持股权的《股权转让协议》，并将股权转让工商登记所需提交的各种文件准备妥，但不签署日期备用。这样隐名股东能更加方便地要求将被代持股权转让到自身或指定的其他人名下。

如果隐名股东方便亲自办理股东身份涉及的工作，也可要求代持人出具一份授权委托书，委托隐名股东处理与被代持股权有关的事务。类似措施还有隐名股东和代持人签订《股权期权购买协议》。

最后，为了避免代持人在隐名股东不知情的情况下对代持股权进行了违背隐名股东意愿的处置，在签署《股权代持协议》的同时，我们还建议同步办理代持股权的股权质押担保，即将代持的股份质押给隐名股东。这样就确保了代持人无法擅自将股权向第三方提供担保或者转让给第三方。此外，这样做也可以在一定程度上防范代持人自身的债务风险波及其代持的股权。比如，由于代持人债务问题法院要变卖执行该代持股权时，隐名股东也可以质押权人的身份获得优先受偿权。

以上是我们对《股权代持协议》签订及配套手段的建议，虽然您跟您的弟弟关系很好，但我们还是建议按尽可能完备的方式来完善手续，毕竟协议的价值就是以防万一。

三、房产“代持”法律风险及防范

杨女士：

说到“代持”这个问题，除了我弟弟帮代持的A公司股权外，我前两个月还看中了单位附近新开的一个楼盘，想着住过去上班方便。但因为限购政策，我已经没有购房资格了，所以是以我父亲的名义买的，房款则是我自己刷卡一次性付给开发商的。为了避免法律风险，你们有什么好的建议吗？

财富守卫律师组：

现在由于各地推出的住房限购政策，导致如同您这样以亲友名义购房的“房产代持”情况非常普遍。首先，虽然是父母，我们还是建议您与您父亲签署一份《房产代持协议》，内容约定清楚是由您全额付款购得，您父亲挂名代持即可。从现有的各个司法判例来看，《房产代持协议》的有效性是被普遍认可的，因为“限购”政策本身是“行政管理规定”，而非法律法规或效力性强制性规定，违反“限购”规定并非《民法典》总则中关于民事法律行为规定的“合同无效”情况①。但与股权代持一样，如果不事先进行明确，房产代持人自身的婚姻变化、债务问题，以及死亡都可能导致其代持资产受到影响。您与您父亲签署《房产代持协议》即是明确资产真实权属的第一步，此外，为了防范万一，也建议您让包括您母亲、弟弟在内的全体您父亲的“第一顺位继承人”均签署《房产代持知情函》，以避免极端情况下您父亲为您代持的房产被其他继承人视为您父亲遗产的一部分。债务方面就您父亲是退休国家干部的情况来看应该风险比较小，但如果您认为有必要，还是可以通过将该房产抵押给您的方式来相应规避。应该说，房产代持风险的防范思路和股权代持风险的防范是基本一致的，而且相对来说会简单一些。

四、“代持”法律风险防范关键点

杨女士：

看来“代持”这个事儿风险防范还挺复杂的，能否将“代持”的法律风险如何防范再梳理一下，更清楚明白些。

财富守卫律师组：

好的。要防范财产“代持”中的法律风险，最基础的是要签署

① 《民法典》合同编中关于合同效力部分把原来《合同法》第五十二条删除，对于合同无效指示参照第一编（总则编）第三节民事法律行为效力部分。

《代持协议》,将代持财产描述清楚,并且将代持中实际所有权人与代持人的权利义务约定好,如果涉及股权代持,还应将股东权利如何行使清楚约定。

考虑到"代持"产生的资产权属情况"表象"和"实质"不一致可能导致权利相关人对权属的认识不清,甚至故意混淆,建议让利害相关人,比如代持人的配偶、潜在继承人,以及股权代持标的公司的其他股东提前签署《代持知晓函》,从而规避"代持"的法律风险。

另外,在各种资产的"代持"中,实际出资人都需要增强证据意识,注意搜集和保存资产是"代持状态"的证据,以防万一,包括但不限于代持协议、转款证明、出资证明、其他利害相关人出具的《代持知晓函》等。如果代持人自身存在较高债务风险,建议通过在被代持资产上设置抵押担保权来进行防范隔离。在代持人严重违约或者法院冻结、保全、执行代持资产时,应该及时提出诉讼或执行异议来维护自己的合法权益。

如果代持资产的价值很高,建议考虑通过设立"家族信托"的方式来代持资产,按目前的政策,人民币1000万元以上即可设立家族信托。通过信托代持,法律关系清晰,权利义务明确,较之个人代持或通过普通公司代持,风险防范方面优势明显。

五、敲黑板,画重点

1. 资产"代持"中涉及的法律关系复杂,普遍具有较高风险,不建议将"代持"作为首选的资产管理方式。

2. 决定通过“代持”方式处置资产前，建议与专业律师沟通，探讨是否有更佳的资产管理方案，若理性分析后仍决定选择采用“代持”，则应认真草拟签署《代持协议》，并尽可能让利害相关人签署《代持知晓函》，且应该注意保留各种能证明“代持”关系的证据材料。

3. 股权代持与股东身份权直接相关，需约定好股东权利的行权方式，清晰约定名义股东必须按隐名股东意志履行股东权利和义务，以及违约罚则。

4. 一旦发现有可能危及代持资产的情况发生，建议在第一时间联系专业律师，确保及时行权，才能更好地维护资产实际所有权人的利益。

古话说，“君子之交淡如水”，其内核无外乎感慨人性在利益当前所呈现出的无常。毫无防备的“相信”往往无异于赤裸裸地用利益来挑战人性，与其如此，不如以“先说断，后不乱”的法律手段，维护住长长久久的君子相交之道。

第三章　股权融资高频法律风险防范

Y 公司是 W 集团下属的一家全资科技公司，Y 公司去年研发成功的一种新型添加剂最近取得了发明专利。由于 X 集团的主营产品对该种新型添加剂有很大需求，所以该项发明很快得到应用并吸引了市场的注意力，甚至不少有影响力的投资机构也登门来找王董事长商讨投资入股。作为 Y 公司的实际控制人，王董事长非常清楚该种新型添加剂的市场潜力且现有产品还具有很多提升改进空间，所以也希望引入强有力的资本来支持进一步深入研发和市场推广。但因为听说过不少企业家引入投资人后合作得并不愉快，甚至出现了失去公司控制权被“扫地出门”的问题，而且对投资机构要求签署的《对赌协议》也存在顾虑。所以，王董事长咨询 G 律师事务所的财富守卫律师组，想听听专业的建议。

一、原股东公司控制权丢失风险防范

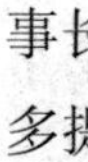

王董事长：

最近好几家投资机构找上我希望投资入股我们集团下属的

Y 公司，原因是该公司新近获取一项颇有市场前景的专利。而我也希望引进资本和其背后的资源来做大、做强这个板块，所以目前已经跟一家颇有声望的投资机构达成了合作意向。老实说，因为新闻报道了很多知名企业家由于引入专业投资机构而最终失去了对企业控制权的故事①。虽然 Y 公司还只是个小公司，但“自己孩子自己疼”，我还是希望能尽量防控控制权丢失的风险。你们有什么好的建议吗？

财富守卫律师组：

您提到的这个问题确实是股权融资中企业原股东普遍关注的风险，而且从实际情况来看也是时有发生，让企业原股东陷入被动。该方面我们也做了很多针对性研究，总结起来，主要可以从“股权比例控制”“股东表决权与收益权分置”“限制一票否决权”几个方面来考虑。

公司的控制权主要包括三个方面：股东会层面的控制权、董事会层面的控制权、高管团队层面的控制权，其中最为重要的毫无疑问是股东会层面的控制权，因为股东会可以决定董事会及高管团队的人选。除非章程另有规定，如果想要保留股东会层面的绝对控制权，应该占有或与可信赖的一致行动人共同占有至少 66.67% 的股权比例，即超过三分之二的股权比例。退而求其次，则应保留超过二分之一的股权比例，这样除了增减资、修改章程、

① 案件情况详见本书附件一“财富保卫相关案例”中“‘俏江南’张兰控制权失去案”。

公司合并分立等特殊事宜的决策权之外,其他公司决策权也基本可掌握在手中,也算是绝对控股权。除了绝对控股权外,各股东中持股比例最高,且对其他股东享有威信和高度影响力的股东也可能保持对公司的相对控制力,即“相对控股”。但这样的相对控制力是没有法律的切实保障的,鉴于您本次引入投资机构后 Y 公司只有 W 集团与投资方两个股东,所以可以暂不考虑该种情况。那么,您想保留对 Y 公司的控制权,最多只能让投资机构方持有 49% 的股权。

如果投资机构方非常强势,坚持要取得控股权,或者您为了获取更多融资而愿意让出更多收益权给投资机构方的话,也可以考虑通过“股东表决权与收益权分置”的方式来实现保留对 Y 公司控制权。根据现行的《公司法》规定,有限责任公司是可以通过章程自行约定部分股东享有超过其持有股权所对应比例的决策权的。您作为原股东,对企业的生产经营有绝对的主导权,在引入投资人且丧失控股权时提出这样的要求是具合理性的。从维护经营稳定的角度入手,谈判得当,也有比较大的可能获得投资机构的认同。当然,这样的“股东表决权与收益权分置”是应在协商一致后落实到章程和股东协议中的。

另外,投资机构通常会要求的“一票否决权”也值得关注,如果不加以适当限制,哪怕投资机构只是小股东,也可能对企业的经营活动造成实质性影响,甚至当各方意见无法达成一致时形成僵局。具体哪些情况下投资机构享有“一票否决权”一般是由投资人方提出,如果原股东对长达几十页甚至上百页的投资文件没有仔细琢磨,光凭着对“我是股东”的自信就大笔一挥签署了《投资协议》和《公司章程修正案》，未来可能深陷“一票否决权”带来的纠纷，因为投资机构可以起诉要求撤销未尊重其“一票否决权”的股东会决议。所以，在引入投资人时，聘请专业律师协助谈判及确定投资文件是很重要的。

二、原股东对《对赌协议》风险防范

王董事长：

这次拟入股Y公司的投资机构还要求W集团跟他们签署《对赌协议》，我作为实际控制人需要签署该《对赌协议》并承担业绩不达标时的回购义务，他们还希望我夫人也共同签署。我理解投资人要求签《对赌协议》也算是一种惯例，但在签署《对赌协议》时有哪些问题是要特别关注的呢？

财富守卫律师组：

《对赌协议》源于国际投资中盛行的“Valuation Adjustment Mechanism”，翻译过来为“估值调整协议”，是指投资方与融资方在达成投资协议时双方对于未来情况的一种约定。其基本运作模式是投资者与融资方约定，如果被投资公司在约定的时限内未实现约定的业绩目标，则相应调增私募股权投资者在目标公司中的股权比例或采取其他能达成与股权比例变化具有同等商业效果的替代方式；如被投资公司在约定的时限内实现了约定的业绩目标，则融资方能获得一定的奖赏性回报。通过条款的设计，对赌协议可以有效保护投资人利益。

在签订《对赌协议》时,原股东最为重要的是合理预估企业真实的增长潜力,避免因为急于引进资本而同意设置“不切实的业绩目标”。企业家若急于获得高估值融资,又对自己的企业发展充满信心,而忽略了详细衡量自身指标和投资人要求之间的差距,最终无法达成《对赌协议》中的目标,将会遭受严重损失。由于《对赌协议》本质上来说是为了消除投资人面临的由信息不对称引发的不确定性,有其存在的合理性,而且基于维护商事行为“意思自治”的原则,如发生争议诉至法院,原则上法官会支持《对赌协议》中的约定,所以必须审慎对待其中的各项约定。在业绩目标设置时除了严防“冒进”外还应充分考虑企业内部及外部环境的不可控变数带来的负面影响,建议“目标设置”留有“余量”。

另一个需要特别关注的问题则是《对赌协议》中对赌筹码的设置。通常情况下,《对赌协议》会有类似“每相差×××万元利润,P/E(市盈率,直接影响股权价格)下降一倍”的条款,这样的对赌条款如果不在《对赌协议》中增加其他的限制性条款进行“兜底保护”,在极端情况下极可能出现即使企业经营客观上还过得去,但P/E值也可能降为0,股权“白送”给投资人。所以,我们强烈建议您作为实际控制人,要求在《对赌协议》中增加股权价格的最低值,作为“兜底保护”条款,避免造成明显对原股东不公平的情况发生。虽然《民法典》上都有对“显失公平”合同条款进行限制的规定,但司法实践中想要主张“显失公平”并不是很容易,还是应该在《对赌协议》签署前商谈约定好对双方都公平的条款。

还有一个值得关注的问题是,您提到您作为实际控制人也被要求签署《对赌协议》，承担对赌业绩目标达不到时的股权回购义务，并且投资方还希望您的夫人一并签署。如果您的夫人也一并签署，该《对赌协议》下的“股权回购义务”毫无疑问将会成为您和您夫人的夫妻共同债务，但如果您的夫人不参与签署，根据《最高人民法院关于审理涉及夫妻债务纠纷案件适用法律有关问题的解释》之规定，该项债务则不会被认为是您与夫人的夫妻共同债务。因此，建议认真考虑您的夫人是否签署《对赌协议》。2021年1月1日起正式生效的《民法典》婚姻家庭编也确定了该原则①。

三、原股东刑事法律风险防范

王董事长：

除了刚才已经提到的控制权和《对赌协议》相关的法律风险外，引入投资人后还有什么是我需要特别重视的风险呢？

财富守卫律师组：

我们认为，您作为实际控制人，在为Y公司引入投资人后，应

① 《民法典》第一千零六十四条规定：“夫妻双方共同签名或者夫妻一方事后追认等共同意思表示所负的债务，以及夫妻一方在婚姻关系存续期间以个人名义为家庭日常生活需要所负的债务，属于夫妻共同债务。夫妻一方在婚姻关系存续期间以个人名义超出家庭日常生活需要所负的债务，不属于夫妻共同债务；但是，债权人能够证明该债务用于夫妻共同生活、共同生产经营或者基于夫妻双方共同意思表示的除外。”

该严格地划清“Y公司的钱”和“W集团的钱”,尤其是“Y公司的钱”和您私人或家族的钱的界限,杜绝“公私不分”的情况。过去Y公司是W集团的全资子公司,您作为W集团的实际控制人也是Y公司的实际控制人,而W集团作为家族企业特征明显的公司,一般来说,很可能存在集团内各公司之间的资金“调度”与股东家庭资产与公司财产之间的混同现象。虽然从财务规范的角度来说这样做不对,却是较为常见的现象。但如果引入了投资人,Y公司的股权结构变得多元化,再挪用Y公司的钱就直接侵犯了投资方的利益,投资人不会允许。如果再因别的原因导致跟投资人失和,还可能被投资方揪住“小辫子”,有被追究刑事法律责任的风险。这方面著名的案例就有知名餐饮企业“真功夫”创始人蔡达标被投资人检举后逮捕,最终被认定犯职务侵占罪、挪用资金罪,数罪并罚,判处有期徒刑14年,并处没收财产人民币100万元。职务侵占罪和挪用资金罪是民营企业家近年来的高频涉刑罪名,尤其是在与投资人的纠纷中,如果被投资企业确实存在较大额的不规范拆借和资金调度,很容易被投资人举报。

此外,企业在引入投资人的时候,需要将公司的财务资料、核心经营信息都披露给投资人,法律上的瑕疵和企业经营中不规范行为也“坦诚相见”。可一旦企业原实际控制人与投资人的“蜜月期”过了,双方经营理念发生大的差异,或者产生了其他利益冲突,之前披露给投资人的企业经营中的法律瑕疵都可能成为原实际控制人的“软肋”。所以,最好的方式是在引入投资人前就对公司进行全面规范,聘请律师、会计师等专业人士查疑补缺、整改规范公司治理体系和公司财务,与投资人“走正步”合作,才能“相敬如宾”，展开长久的合作。哪怕未来发生分歧，也能好说好散。

四、敲黑板，画重点

1. 在引进投资人时如何保持企业决策的独立性还需要企业家做好准备。坚守持有或可控制股权份额的比例，或者通过“股权表决权与收益权分离”的章程约定都可以帮助维护原股东对企业的控制权。

2.《对赌协议》中需合理设置对赌筹码。通常情况下，《对赌协议》会有类似“每相差×××万元利润，P/E下降一倍”的条款，如果没有兜底条款，即使企业经营客观上还过得去，但P/E值也可能降为0，股权“白送”。所以应在很多细节上考虑《对赌协议》的公平性和兜底性。

3. 已经签订《对赌协议》的企业在出现明显不利局面时，应及时申请调整《对赌协议》，使之更加公平。当然，该谈判工作毫无疑问是艰巨的，需要全面梳理情况并找准“调整后对投资人也更有利”的依据，才可能调整成功。建议企业引入律师、会计师等专业人士协助梳理，形成有说服力的报告作为谈判依据。

4. 引入投资人后“企业的钱”和“自己的钱”一定严格区分，严防刑事法律风险。

第四章　小股东权利保护

杨女士两年多前给朋友高女士新创立的A公司投资了50万元,A公司的注册资本为1000万元,因此杨女士获得了A公司5%的股权份额,并由其弟弟代持。近日,高女士告诉杨女士她已经决定引入股权投资机构J公司作为A公司的大股东,如按计划执行,J公司完成对A公司的投资后A公司的注册资本将变更为2000万元,而J公司也将获得A公司50%的股权,成为A公司第一大股东。过去杨女士基于对高女士的信任从未担忧过自己作为小股东的权利受损,但如果A公司的大股东要变成J公司,杨女士对于自己未来在A公司的权益是否能获得保障产生了疑虑,于是,来到G律师事务所寻求财富守卫律师组的专业意见。

一、知情权——小股东的基础权利

杨女士:

现在A公司就是我朋友高女士说了算,我基于对她的信任,什么都没过问,但每年她还是会主动给我讲讲各方面情况,并且把财报都给我看,彼此很坦诚。但是J公司成为大股东后连我朋友高女士都成小股东了，虽然现在公司仍由她管理，我想要知道公司情况问她也可以，但网上、电视上也看到不少投资机构介入后跟原股东产生无法调和矛盾的情况。所以我也在想，如果真的出现投资人与原创始股东意见不调和情况，我自己的权利该如何保障呢？

财富守卫律师组：

您在A公司处于“小股东”的地位，且没有参与实际经营，客观上说，容易处于信息不对称的状态。公司的实际控制人、大股东有可能通过以下几种方式严重损害小股东的权利：

1. 大股东一人掌控财务权，以各种理由阻挠或拒绝中小股东查阅公司财务资料。

2. 大股东未经召开股东会擅自决定按照公司章程应由股东会决策的事项。

3. 在选举董事及监事时，受出资比例限制，中小股东无力选举自方代表作为董事，大股东选举自方董事或监事后，全面控制董事或监事的活动，损害公司治理。

4. 大股东利用其自身或可控制的高级管理人员从事关联交易，损害公司利益，进而损害中小股东利益。

5. 大股东利用职权控制公司财务，虚构公司财务资料，中小股东的投资难以得到回报。

如果希望能在侵害发生的第一时间，甚至是侵害实际发生之前及时制止，维护自身权利，能够对公司情况“知情”，显然是第一重要的。公司实际控制人是值得信赖的朋友自然最好，但如果大股东易手也不必惊慌，因为法律上对于股东的知情权是有明确规定的。关于股东的知情权，我国《公司法》在制度设计上主要包括以下几个方面：

1. 查阅复制权。股东享有查阅、复制公司章程、股东会会议记录、董事会会议决议、监事会会议决议和财务会计报告的权利。

2. 参与股东会的权利。公司召开股东会，应当于会议召开十五日前通知全体股东。但是公司章程另有规定或者全体股东另有约定的除外。应当对股东会所议事项及决定作出会议记录，出席会议的股东应当在会议记录上签名。

3. 广义的知情权还包括公司股东依法享有资产收益、参与重大决策和选择管理者等权利。

也就是说，如果公司高管层或实际控制人阻碍股东获取公司经营管理及财务真实信息，股东均可以依据法律严正要求其配合。而从另一方面来看，如果公司的高管或实际控制人有阻碍股东知情权的行为，也就是其可能有重大不规范经营行为的征兆，需要特别关注。

二、异议回购——小股东权利兜底

杨女士：

可是，哪怕公司的管理层、大股东同意我查阅各种资料，也通知我参加股东会，但是我的股权比例太低了，即便参加股东会又如何，对最终决议没有任何影响力啊。

财富守卫律师组：

确实，由于受股权比例的限制，小股东对公司经营决策的影响力非常有限。针对这一情况，法律上也有给小股东的“兜底”性制度安排——异议回购之诉，即不同意股东会重大决议的股东，在满足一定条件的情况下可以要求公司回购其持有的股份。其主要法律依据是《公司法》第七十四条，法律规定有下列情形之一的，对股东会该项决议投反对票的股东可以请求公司按照合理的价格收购其持有的股权：

1. 公司连续五年不向股东分配利润，而公司该五年连续盈利，并且符合本法规定的分配利润条件的；

2. 公司合并、分立、转让主要财产的；

3. 公司章程规定的营业期限届满或者章程规定的其他解散事由出现，股东会会议通过决议修改章程使公司存续的。

发生以上情况，不同意股东会决议的股东可向公司提出回购股权的要求，如果自股东会会议决议通过之日起六十日内，股东与公司不能达成股权收购协议的，股东可以自股东会会议决议通过之日起九十日内向人民法院提起诉讼，要求公司回购股权。

需要特别注意的是，虽然对涉及《公司法》第七十四条规定事项的股东会决议持异议的股东有权利向法院提出要求公司回购其股份的诉请，但权利的行使限于知道或应当知道决议作出之日起九十日内，即持异议的股东过了“知道或应当知道决议作出之日起 90 日”后再起诉要求“异议回购”的话，法院是不受理的。而且必须强调的是，原告必须是异议股东，即在表决时对该项决议投反对票的股东才有权利提起公司回购股份请求的诉讼，如果表决时同意事后又反悔的股东是无权提起异议回购诉讼的。

但是，因特殊事由未能参加股东会，未就股东会决议进行表决的股东，事后明确反对决议内容，法院原则上还是会支持股东“异议回购”请求权的，时限上还是要遵守“知道或应当知道决议作出之日起九十日内”提起诉讼。

三、分红之诉——小股东核心权利保障

杨女士：

另外，我作为小股东，投资的目的也就是分红了，如果公司不给我分红怎么办？

财富守卫律师组：

公司不分红有以下三种情况：一是经营不善无利可分，这样情况当然无话可说；二是公司有利润可分，但未经您同意的股东会决议决定不分红，而且连续五年均这样，那您就可以按照刚才说的提起“异议回购之诉”；三是股东会决议已经载明了分红，公司却不履行，经您催告后仍然拒绝，那就可以考虑向法院提起“分红之诉”了。

公司的股东将自己的财产投入公司从而获得股权，而股权的最重要权利之一就是从公司获得利润，可以说股东分红权是股东各项权利的核心，所以法律上对此也有专门保护，即公司在每个会计年度进行决算后，股东可依据股东会或公司章程规定的权力

机构的决定获取相应红利。虽然公司是否有利润可分配、是否分配利润具有不确定性，抽象的利润分配权属于期待权，但其是股东所享有的一种固有权，公司章程或公司机关不得剥夺或限制。因此在不能正常分配利润的情况下，股东可以直接起诉公司，请求分配利润。

提起分红之诉的条件是有约定利润分配方案的有效决议，使抽象的分红权具有可执行性。若股东提交载明具体分配方案的股东会或者股东大会的有效决议，请求公司分配利润，公司拒绝分配利润的时候，股东即可以向人民法院提起诉讼，要求公司按照决议载明的具体分配方案向股东分红。

四、股东代表之诉——小股东维权武器

杨女士：

我还有一个担忧，听说有些投资机构为了他们的"整体收益最大化"在其控制的机构间输送利益。那么，我投资的这家 A 公司如果被 J 投资机构完全掌控后发生这样的情况，把 A 公司的正常利润吞噬了，我又该怎么办呢？

财富守卫律师组：

您提及的这个问题比较复杂，应该说没有"一招鲜"的解决方案，必须要具体情况具体分析。但在一些比较明显的情况下，比如明明 A 公司对其他机构享有诉讼权利，对方不一定是您提及的

大股东的其他关联机构，而公司又故意或怠于行使正常的诉讼权利，那么作为股东是可以提起股东代表之诉的，简单来说，就是公司股东代表公司行使被怠于行使的诉权。

《公司法》第一百五十一条规定的股东代表诉讼，是指当公司的合法权益受到不法侵害而公司却拒绝或者怠于通过诉讼手段追究有关侵权人的责任时，具有法定资格的股东为了公司利益而依据法定程序，以自己的名义代表公司对侵权人提起诉讼，追究其法律责任，所获赔偿归于公司的一种法律制度。

（一）提起股东代表之诉的条件

杨女士：

那什么情况下我有可能提起股东代表之诉呢？

财富守卫律师组：

根据《公司法》第一百五十一条的规定，单独或合计持有公司1%以上股权的股东在满足如下条件的情况下即有可能提起股东代表之诉：

1. 只要公司享有诉权，股东均可能提起代表诉讼，不受案由规定及诉讼类型的限制，即除了民事诉讼，刑事或行政诉讼也是可能提起股东代表之诉的。

2. 股东代表诉讼能够得以提起的前提是公司怠于行使自己的诉权。如果公司事实上不能够行使诉权，则不应当提起股东代表诉讼。

3. 提起股东代表诉讼必须满足同期所有权的条件，在案件事实发生之时以及起诉的整个过程中，原告股东均需要符合提起股东代表诉讼的条件，即单独或合计持有公司1%以上的股权。我国《公司法》第一百五十一条第一款规定“股份有限公司连续一百八十日以上单独或者合计持有公司百分之一以上股份的股东”才有资格提起代表诉讼，就是对原告股东资格的适当性限制。在诉讼过程中，如果原告股东丧失股东资格，不再满足同期所有权规则的，股东代表诉讼也应当终结诉讼程序。

4. 原则上股东应先书面请求监事会或者不设监事会的有限责任公司的监事向人民法院提起诉讼；监事有《公司法》第一百四十九条[①]规定的情形的，股东可以书面请求董事会或者不设董事会的有限责任公司的执行董事向人民法院提起诉讼。在监事会、不设监事会的有限责任公司的监事，或者董事会、执行董事收到股东书面请求后拒绝提起诉讼，或者自收到请求之日起三十日内未提起诉讼，或者情况紧急、不立即提起诉讼将会使公司利益受到难以弥补的损害的，股东才能直接提起股东代表之诉。但当前法院在受理股东代表之诉时该方面的审查有放宽的趋势。

根据您的描述，即便是J投资机构进入A公司后，您持有A公司的股权也有2.5%，即您自己已具备提起股东代表之诉的股东条件。那么，在满足前述几个条件的情况下，您可以考虑通过提起股东代表之诉来维护自己作为股东的权利。

---

① 《公司法》第一百四十九条规定：“董事、监事、高级管理人员执行公司职务时违反法律、行政法规或者公司章程的规定，给公司造成损失的，应当承担赔偿责任。”

（二）仲裁约定情况下无法提起股东代表之诉

在公司与其他机构签订的合同中，如果存在仲裁条款，则公司与其他机构的争议只能通过仲裁程序解决。因为我国司法制度安排上采取“或裁或审”的原则，一旦当事人协议约定仲裁管辖，则排除了法院的管辖权。由仲裁处理的前提是当事人之间存在仲裁协议，自愿受仲裁裁决的情况，仲裁程序中不存在仲裁第三人的制度安排，因此股东无权代表公司提起仲裁。股东代表诉讼的立法本旨，是在公司享有诉权且怠于行使诉权的情况下，股东才可以提起代表诉讼，这是我国《公司法》确立的股东代表诉讼制度独特的诉讼架构。如果公司与其他机构在合同中约定仲裁条款，此时公司只能就合同引发的争议提交仲裁解决，对公司而言自无向法院提起诉讼的“诉权”可言，因此股东代表诉讼的“诉权”也就不能成立。

（三）股东代表之诉的反诉

在股东代表诉讼中也可能存在被告提起反诉的问题。但由于我国股东代表诉讼中，股东是作为形式原告的，实质上其所行使的诉权是作为第三人的公司的诉权。在被告提起反诉的情况下，因其反诉请求针对的并非作为形式原告的公司股东，而是指向公司，故在被告提起反诉的情况下，公司应当作为反诉的被告。由此，即产生在股东代表诉讼中，公司是本诉第三人，但却是反诉被告的局面。

五、退出公司——小股东权利底线捍卫

杨女士：

听了你们的介绍，我安心了许多，但毕竟现在很大可能出现我朋友也主导不了A公司的情况，作为小股东我有没有途径退出公司呢？

财富守卫律师组：

可以的，比较常见的路径是通过协商让其他人购买您的股权，依照我国《公司法》的相关规定，股东转让有限责任公司的股权需考虑有限责任公司人合性与资合性的统一，简单地说，在股东之间转让时是完全遵循股东自己的意志的，但股东在向外部人的转让股权时其他股东有优先购买权，即股东向股东以外的人转让股权，应当经其他股东过半数同意。股东应就其股权转让事项书面通知其他股东征求同意，其他股东自接到书面通知之日起满三十日未答复的，视为同意转让。其他股东半数以上不同意转让的，不同意的股东应当购买该转让的股权；不购买的，视为同意转让。经股东同意转让的股权，在同等条件下，其他股东有优先购买权。

此外，就是刚才已经讲到过的满足"异议股东回购之诉"的条件下可以要求公司回购异议股东的股权。

最后一种形式是满足一定条件的情况下，公司的股东可以提

起“公司解散之诉”。公司解散之诉的法律依据主要是《公司法》第一百八十二条[①]和《最高人民法院关于适用〈中华人民共和国公司法〉若干问题的规定(二)》(2014 年修正)第一条。公司解散的法定条件主要包括三个:一是公司经营管理发生严重困难;二是继续存续会使股东利益受到重大损失;三是通过其他途径不能解决。

有权提起公司解散之诉的主体是持有公司全部股东表决权百分之十以上的股东。前述“公司经营管理发生严重困难”侧重于公司经营管理(而非营利状态)是否存在严重障碍,相关表现包括:

1. 公司持续两年以上无法召开股东(大)会;

2. 股东表决时无法达到法定或者公司章程规定的比例,持续两年以上不能作出有效的股东(大)会决议;

3. 公司董事长期冲突,且无法通过股东(大)会解决;

4. 经营管理发生其他严重困难,公司继续存续会使股东利益受到重大损失的情形。

当然,股东提起公司解散之诉必须是公司存在非常严重的管理问题并导致经营困难,可以说是比较极端的一种股东退出手段,其要求也是非常严格的,必须符合《公司法》第一百八十二条的要求。股东以知情权、利润分配请求权等权益受到损害,或者公司亏损、财产不足以偿还全部债务,以及公司被吊销企业法人

① 《公司法》第一百八十二条规定:“公司经营管理发生严重困难,继续存续会使股东利益受到重大损失,通过其他途径不能解决的,持有公司全部股东表决权百分之十以上的股东,可以请求人民法院解散公司。”

营业执照未进行清算等为由，提起解散公司诉讼，人民法院是不予受理的。此外，司法实践中，公司解散对于公司债权人等利益相关者、社会稳定的影响等也会影响到判决结果。

六、敲黑板，画重点

1. 股东的知情权是股东权利行使的基础，千万不要忽视。如果希望能在侵害发生的第一时间，甚至是侵害实际发生之前及时制止，维护自身权利，用好“知情权”是第一要务。

2. 法律制度的设计者们为了维护股东，尤其是小股东的权利也可以算得上“煞费苦心”，小股东在满足一定条件的情况下完全可以通过诉讼来保护自己的权利，比如分红之诉、异议回购之诉、股东代表之诉等。脑子里面绷上弦，该出手时不手软，才是小股东维护自身权利的法门。

3. 有限责任公司是典型的资合与人合的综合体，股东之间的信任、团结和相互支持是非常重要的，作为公司实际控制人的大股东，千万注意保护中小股东的权利，方能保障公司平顺发展。

> 法尚公平，对所有股东平权保护是《公司法》及配套法律制度中对股东法律关系保护与约束的重中之重。
>
> 这一章读起来可能相对比较晦涩，很多涉及具体的法律术语和条款，建议读者可以再回顾一下。

第五章 基金投资人权利救济

前几年基金投资很热门，杨女士投资了300万元的股权投资基金，“5+2”的年限。虽然目前还没有到基金的退出时限，但近一两年来财经媒体上不时爆出某某基金“爆雷”的信息，甚至涉及了多家知名企业和知名投资机构，这让杨女士颇感不安。为了明确自己作为基金投资人到底在什么样的情况下可以摆脱“纯被动”的状态，主动维护自身的权利，杨女士来到了G律师事务所，寻求财富守卫律师组的专业意见。

一、基金投资人权利救济启动时机

杨女士：

之前你们帮我做《婚前财产协议》的时候我也跟你们提过，我前几年投资了300万元在股权投资基金里面，现在也还没有到投资时约定的退出时限，每季度基金管理人也例行公事地给我发《基金情况报告》。但客观地说，因为该基金投资的项目都不是上市公司，信息公开程度很低，所以，那个《基金情况报告》上也看不出个名堂来。这一两年基金“爆雷”的传闻很多，让我也担忧纯粹的"不闻不问"会被动挨打，万一真出事会措手不及。所以想听听你们的建议，在什么样的情况下，我们这些基金投资人就该积极行动了。

财富守卫律师组：

基金这种金融投资产品设计的初衷就是给投资人提供一种"不必主动管理"的省心省力的投资方式，所以在正常的情况下您作为投资人确实可以"不闻不问"。但凡事皆有例外，在我们看来，当一只基金的管理人存在明显失职行为的情况下，您作为投资人就应该积极行动起来谋求维护自己的合法权利。

我国《私募投资基金监督管理暂行办法》第四条规定，基金管理人应当恪尽职守，履行诚实信用、谨慎勤勉的义务。这是信义义务在中国法律下的表述。美国学者 Tamar Frankel 在其著作《信义法》(*Fiduciary Law*)一书中对信义关系的共同特征进行了概括：(1)受托人提供服务的专业性较强并且被他人需要的服务；(2)受托人为了提供有效服务而被托付财产或授予某种权力；(3)存在因受托人滥用权力而导致被托付财产遭受损失或者权力被滥用而受托事项未达预期的风险，并且市场机制无法保护委托人免于这种风险，或者妥善保护所需的交易成本太高导致委托人无法有效避免这种风险。因此，信义关系之下，受托人应该向委托人承担信义义务。

私募股权基金的基金管理人与投资人之间是典型的信义关系——投资人基于对基金管理人知识技能和职业操守的信任，将财产完全托付给管理人，由管理人提供专业的资产管理服务并享有对财产的实际控制权。而私募基金天然存在信息披露法定义务较少的特性,管理人可能利用该信息披露方面的低要求,滥用权利侵害投资人利益。处于信息不对称劣势下的投资人很难通过约定或其他方式来规避这种风险。

信义义务通常包含忠实义务和注意义务两个层面。在基金法律关系中,基金管理人作为基金投资人的代理人,履行忠实义务首要的是做到“不欺诈、不隐瞒”。履行注意义务则主要是对基金管理人“能力”方面的要求,它要求基金管理人具备应有的专业水平及人员配备,按监管要求行事,并且在作出投资决策及后续管理时足够审慎、勤勉。

判断您投资的基金的管理人是否妥善履行信义义务比较直观的方式是看其是否出现了被监管机构视作“典型违规”的情况。这方面我们认为广东证监局2019年发布的《关于辖区私募基金管理人典型违规情况的通报》这份文件里面对基金管理人违规行为有较为全面清晰的归纳。当然,我们必须承认,基金管理人与基金投资人之间存在较为严重的信息不对称,但以下几个方面我们认为是相对易于观察的:

1.违规宣传。一是公开宣传。募集资金的过程中,通过广播、公司官方网站、微信公众号等传播媒介向不特定对象宣传推介,公然违背私募基金非公开募集的要求。例如,某私募机构在其官方网站宣传推介其正在募集资金的私募基金的投资范围、业绩比较基准、开放日、认购流程、募集账户等信息。二是承诺保本保收益。通过向投资者口头承诺保本保收益,或者通过在募集说明书或基金合同中约定“预期收益率”“基准收益率”等方式,承诺刚性兑付、保证收益，发行按期兑付本息的“名股实债”私募基金。例如，某私募机构在募集说明书、基金合同中约定“预期收益率”或“业绩基准收益率”，并向投资者按季度支付利息、到期还本。

2. 未对私募基金进行托管或约定相关保障机制。受托管理是私募基金的本质内涵所在，将基金交由托管人托管或在基金合同中明确约定保障私募基金财产安全的制度措施和纠纷解决机制，是保障投资者利益和约束私募机构的有效手段之一。但部分私募机构所管理的私募基金，常以涉及的投资者人数较少或者投资者与私募机构关系密切为由，未执行该项要求。

3. 私募基金未备案。一是选择性办理私募基金备案逃避监管。部分私募机构管理了多种类型的多只基金，选择性地向基金业协会办理基金备案。例如，某私募机构只向基金业协会备案了其所管理的部分私募股权投资基金，同期发行的“专项资产管理计划”等私募基金存在未在基金业协会备案，以及向不合格投资者募集资金、承诺保本保收益、公开宣传私募基金产品信息等严重不合规的行为，试图通过不办理备案来逃避监管。二是私募基金募集完毕未及时办理基金备案手续。例如，某私募机构所管理的基金 2014 年 12 月即募集完毕，直至 2016 年 7 月才向基金业协会申请备案。

4. 未按约定向投资者披露基金及其他重大信息。充分、及时向投资者进行信息披露，是私募机构的应尽之责。部分私募机构未按照合同约定及时向投资者披露基金投资、资产负债、投资收益分配等信息，引起投资者的恐慌与误解；更有甚者，向投资者隐瞒或者提供虚假信息，企图掩盖其违法犯罪行径，严重损害投资者的利益。[①]

如果您所投资的基金存在前述情形，我们建议您需要密切关注该基金了，必要时及时引入专业律师协助处理，避免损失实际发生时非常被动。

二、派生诉讼

杨女士：

我投资的这个基金倒是不存在你们刚才提到的违规公开宣传问题，也正常备案和托管了的，但我是听说他们有一笔已经到期的名股实债投资摆在那里没积极处理，也没有正式向我们这些投资人通报，不知道在做什么打算，所以还是有点担忧。

财富守卫律师组：

如果有这样的情况，我们建议您首先落实传言的真实性，可以直接电话询问您的客户经理。如果能有合理的解释和清晰的处理方案，那么您密切关注即可，如果您感觉对方的回答非常不靠谱，就可以考虑是否有必要提起派生诉讼了。

所谓派生诉讼适用于合伙制基金，即基金投资人（有限合伙人）在基金管理人（执行事务合伙人）怠于行权之时，有权为了合伙企业的利益，以自己的名义提起的诉讼。

---

① 该一至四点内容均节选自广东证监局《关于辖区私募基金管理人典型违规情况的通报》（广东证监发〔2019〕104号）。

第一，派生诉讼是基金投资人以自己的名义提出，《合伙企业法》并未规定需要取得全体有限合伙人的一致同意方可提出诉讼，因此，每一位合伙制基金的投资人均有权单独提出派生诉讼。

第二，需要有基金管理人怠于行使权利的行为实际发生。《合伙企业法》仅将“执行事务合伙人怠于行权”作为有限合伙人提起派生诉讼的要件，但未明确规定何为“怠于行权”。我们通过相关案例检索，执行合伙人是否通过诉讼或者仲裁的方式来维护合伙企业的权益，通常被作为认定执行事务合伙人是否怠于行权的标准。但这也并非唯一标准，执行事务合伙人若不当行使权力、未尽职责，也属于“怠于行权”，如与债务方达成明显损害合伙企业利益的协议，或虽提起诉讼、仲裁但未派员出庭等。

第三，基金投资人作为有限合伙人提起派生诉讼必须是为了合伙企业的利益。因为《合伙企业法》将有限合伙人提起派生诉讼的目的限定为“为了本企业的利益”，所以，投资人如果提起派生诉讼是不能要求债务方直接向投资人自己履行义务的。

另外，还需要注意一点，如果您投资的基金存在多层嵌套的情形，难以直接穿透底层，投资人通过派生诉讼自行开展追索的阻力就会较大。

三、代位诉讼

杨女士：

对我们投资人来说，能在基金到期时顺利地收回本金和投资收益就是最大的愿望，但如果基金已经到期了，基金管理人没有按约分配投资本金及收益，我们又有什么办法呢？

财富守卫律师组：

您说的这个问题的成因可能非常复杂，需要具体问题具体分析了。真发生这样的情况，一方面投资人应该及时引入专业律师分析具体情况积极维权，一定要及时通过诉讼来保障自身权利；另一方面很可能可以发起代位诉讼。

按照《民法典》合同编第五百三十五条[①]的规定，因债务人怠于行使其债权或者与该债权相关的从权利，影响债权人的到期债权实现的，债权人可以向人民法院请求以自己的名义代位行使债务人对相对人的权利。所以，当基金到期或基金管理人没有按照《基金管理合同》约定向投资人分派本利时，基金投资人即可考虑提起代位诉讼，而且代位诉讼既适用于合伙制基金，也适用于契约型基金。

以合伙制基金为例，在基金到期或按照《基金管理合同》投资人应该获得投资收益的情况下，投资人即对基金这个有限合伙企业享有了到期债权，在执行事务合伙人（基金管理人）失职导致有限合伙企业怠于行使其对其他机构的到期债权时，投资人则有权为了自己的利益，要求对有限合伙企业负有债务的机构（以下简称次债务人）向投资人自己偿还债务，即为代位权诉讼直接以投资人自己的名义提起的诉讼。

提起代位诉讼的前提条件包括以下几个：一是必须以投资人

① 《民法典》该规定的内容对应《合同法》第七十三条的规定。

自己的名义提起；二是基金对外的债权是合法的，且已经到期，也不存在"专属性"①；三是投资人对基金的债权已经到期，即基金已经期满，或者按照《基金管理合同》约定应向投资人分派本利的条件已经达成；四是基金管理人怠于提起有效行动来维护基金自身的合法债权。

需要特别注意的是，根据《合伙企业法》的规定，合伙人的出资是合伙企业的财产，合伙人在合伙企业清算前，不得请求分割合伙企业的财产。所以，通常情况下，在有限合伙企业存续期间，投资人对有限合伙企业的出资款属于投资，而非借款，这导致投资人因无法满足"对有限合伙企业享有合法债权"的要件，而不具备提起代位权诉讼的权利基础。所以，提起代位诉讼的时机必须是"基金已经期满，或者按照《基金管理合同》约定应向投资人分派本利的条件已经达成"。除此之外，有一种情况下基金投资人有可能顺利地提起代位诉讼，即合伙协议约定的收益是固定收益，缺乏共同承担基金经营风险的意思表示，本质上是资金借用行为，双方之间的法律关系名为合伙，实为借贷。该种情况在2018年以前成立的基金中还是较为常见的，之后由于监管加强，该类基金逐步退出了历史舞台。

除了关注提起代位诉讼的条件之外，我们建议您密切关注存续期基金是否有明显的异动，因为如果基金管理真有问题，到最后基金到期不能按约分配投资本金与收益时再来寻找解决之道，难免比较被动。

---

① 专属债权债务关系一般为涉及人身损害、抚养抚育关系或婚姻遗产等具有人身专属性的债权债务，基金投资中一般不会涉及。

四、主张损害赔偿责任

杨女士：

如果真的因为基金管理人的问题导致基金产生较重大的损失，我们作为投资人还有没有什么自救的办法呢？

财富守卫律师组：

如果能找到充分的证据证明基金损失是基金管理人的不当管理造成的，您作为投资人是可以向基金管理人主张损害赔偿的。那么如何判断基金管理人是否应当就基金损失承担赔偿责任呢，我们认为还是要看基金管理人是否存在明显的不当行为，而且基金的损失可归因与该不当行为。整体来说，可以多往前面跟您提及过的“信义义务”中的“注意义务”方面考虑，即基金管理人在运用基金财产进行投资时，是否遵守了审慎经营原则，制定了科学合理的投资策略和风险管理制度，有效地防范和控制风险，即作为专业的基金管理人，不但要有风险管理制度还要有有效的防控风险的机制。对此基金业协会对于私募基金备案的相关规范性文件均有明确规定。而且作为已在中国备案的私募基金管理人，在基金业协会备案时，必须提供风控制度等文件，争议发生时，投资人可以向基金业协会等调查私募基金管理人备案的风控制度，并将基金管理人是否按备案的风控制度等履行了核查手续等作为案件的突破口。

如果能找到基金管理人未能勤勉尽责的实锤证据，则可以向基金管理人追索基金损害赔偿。《国务院办公厅关于进一步加强资本市场中小投资者合法权益保护工作的意见》（国办发〔2013〕110号）中明确，基金管理人未能履行勤勉尽责义务造成基金份额持有人财产损失的，应当依法赔偿。

五、敲黑板，画重点

1. 一旦投资基金、签署了基金管理合同，投资人相对于基金管理人客观来说就处于一个相对弱势的地位。所以，投资基金需谨慎选择信誉高、实力雄厚的优质基金管理人。

2. 实践中我们发现，很多投资人在根本没有彻底弄清楚动辄数百万、千万甚至以亿为单位的《基金管理合同》中条款的具体含义和限制前就本着“反正格式合同，对谁都一样”的想法签了合同投了资，出问题了才发现最简单的建议就是如果你不知道你买的是什么产品，你拥有的是什么权利，你就不应签署这个协议。

3. 私募基金投资金额不是小数目，建议合理关注基金的动态，一旦感觉明显异常，及早引入律师等专业人士协助有利于将损失减少到最低限度。

投资风险无处不在，唯有运用法律手段方能捍卫合法权利。进退有度，沉浮自安。

第二篇

法律协议

——便捷高效的守财利器

2

第一章　婚前财产协议

2019 年的春天来得比较早，杨女士的思虑也似如天气一般乍暖还寒略显复杂。和经人介绍认识的赵先生相处一年多了，杨女士很是满意，前两天赵先生正式向她求婚了。自 2013 年离婚以来，杨女士第一次有了再婚的强烈愿望。但由于经历过一次失败的婚姻，杨女士深知“相爱容易相处难”。目前，自己在经济方面明显优于赵先生，赵先生又还处于创业期，公司经营和未来收入存在较大不确定性，对家庭的渴望与结婚可能带来的经济全面混同让杨女士颇为不安。

基于过往接触中建立的信任，杨女士来到了 G 律师事务所寻求“私人财富守卫”专业法律帮助。在经验丰富的律师引导下，杨女士一步步厘清了思路。

一、签署婚前财产协议的必要性判断

杨女士：

从相处情况来看，我与老赵非常合拍，他给了我久违的“家”的感觉，所以，我是非常想跟他结婚的。老赵是两年前辞去国企职务下海创业的，他本就不多的积蓄几乎全部投入了创业公司，目前经营状况尚可，但毕竟新公司风险大。我虽然收入不错，但这个年龄在私企打拼压力也很大，不一定现在的收入可一直持续。而且自己现有的财产中相当大一部分来源于与前夫黄先生的离婚财产分割，离婚协议中明确约定了分给我的财产中已包含前夫未来应向儿子黄小球支付的各种抚养费用，儿子还在读中学，未来出国深造和成家立业也都是大笔的支出。另外，作为公司高管我很清楚，企业在对外融资的时候银行或其他融资机构都会要求实际控制人夫妇为贷款归还承担无限连带责任，一旦与老赵结婚，我也会面临这个问题。所以，我在考虑通过签署《婚前财产协议》来给自己和孩子留够保障，也避免老赵的创业风险扩散至家庭。但是，毕竟按传统思想签《婚前财产协议》还是不怎么好跟对方开口，也有朋友跟我说，婚前财产只要能证明确实是婚前财产，真正面临离婚等财产分割时还是可以被认为是婚前财产的。所以，到底有没有必要跟老赵提签《婚前财产协议》的事儿，我想听听你们的专业意见。

财富守卫律师组：

杨女士您好，您朋友所说的“婚前财产只要能证明是婚前财产，真正面临离婚等财产分割时还是可以被认为是婚前财产的”确实有一定道理，一些能清晰证明购置时间和权属的资产，比如您婚前全额购置的房产，或者本就登记在您儿子名下的房产，是不会因为您结婚而自动成为您与赵先生的“夫妻共同财产”的。但并不是所有的资产都具备房产这样清晰的权属证明，比如现金类资产一旦结婚后就很容易混同。所以，签署《婚前财产协议》的功效就在于通过明文约定将各种您认为有必要“先说断、后不乱”的财产归属界定清楚，避免日后真的需要进行夫妻财产分割时发生争议。

诚然，正如您所顾虑的，在我国当前的社会环境下，虽然男女双方在正式结婚前签署《婚前财产协议》已不少见，但受传统思维方式的影响，对于婚前签署这样的协议，不少人还是存在一定的心理障碍，一旦提出有可能影响双方感情。所以，是否有必要签署《婚前财产协议》，在我们看来应该是建立在我们帮助您全面分析“婚前财产”因结婚而混同的风险后，由您权衡利弊后作出最终决定。

承蒙信赖，下面就让我们一起逐一简要分析您现有的财产“婚后混同”的风险，以供您全面了解情况，作出最佳选择。

二、各类财产婚后混同风险分析

在“财富守卫律师组”的专业引导下，杨女士将其认为重要的资产列了出来，“财富守卫律师组”则对其逐一进行了“婚后混同”风险的评判。

（一）房产

杨女士：

我共有三套住房和一间商铺。现在居住的这套房子是登记在我自己名下且全款购买的，产权面积 180 平方米，目前市价 400 万元左右，考虑到方便，如果和老赵结婚的话他会搬过来一起住。

有一套150多平方米的房子在跟前夫离婚时直接过户到了儿子名下，目前市价约350万元，也是已经全款付清的。另外，在离婚后我又投资了一套住房和一间商铺，均选择的五成按揭，现在每月共需要支付月供2万元，其中住房月供9000元，商铺月供11,000元。

财富守卫律师组：

应该说，现有的法律法规对婚姻关系中房产的保护性规定是各类财产保护规定中最详细的。就您的情况来说，目前居住的这套房屋因为已登记在您的名下并已全款付清，毫无疑问属于您的婚前财产，其财产归属不会因为您与赵先生结婚或者他搬过来居住而发生变化。登记在您儿子名下的那套房产，因为也是全款付清的，所以是完全属于您儿子的财产，从法律角度看甚至都不属于您，所以更没有可能因为您与赵先生结婚而发生财产混同。需要额外提醒注意的是，因为该房产属于"未成年人财产"，根据《民法典》总则第三十五条第一款的规定，"监护人应当按照最有利于被监护人的原则履行监护职责。监护人除为维护被监护人利益外，不得处分被监护人的财产"。同时，《未成年人保护法》也就未成年人的财产权进行了保护性规定，因此，在您的儿子年满18岁前，您也是不能随意处置该套房产的。

您按揭购买的一套住房和一套商铺的情况则复杂一些，依照现行的法律规定及司法解释，如果不签署《婚前财产协议》进行特别约定的话，您和赵先生婚后供房款就属于夫妻共同财产了，所以从您结婚起到需要分割财产时止的实际供房款占总房款的比例及对应的该两套房产未来增值部分将被视为您和赵先生的共同财产。当然,您可以通过《婚前财产协议》来约定该两套按揭房产婚后仍属于您的个人财产,只要有清晰的协议,法律上是支持的。

此外,如果在您与赵先生结婚后将房产卖出,所获得的现金在没有《婚前财产协议》的情况下也是很容易与其他婚内财产混同的,真需要分割的时候,如没有清晰的事前约定也可能比较麻烦。

(二)股票

杨女士:

我有一个股票账户,平时也炒炒股。离婚时分了笔钱投进去,现在的市值大概800万元,但您也知道,股票这个东西涨涨跌跌的没个准数,未来什么情况我也说不准。这部分资产有签《婚前财产协议》的必要吗?

财富守卫律师组:

假设您没有与赵先生签订《婚前财产协议》就结婚的话,由于股票收益的性质从法律上看应是被判定为属于《民法典》婚姻家庭编第一千零六十二条规定的“生产、经营、投资的收益”,在没有其他约定的情况下您结婚后该股票账户的收益就是法定的“夫妻共同财产”。虽然您结婚当日该账户内的股票和现金可以算作您的婚前财产,但股票本身价值可能因为行情的涨跌而发生很大变化,也不能排除您未来不断买卖股票,或者将该股票账户内的股票出售后取出现金另作他用,时间久了就很难清楚界定到底哪些是婚前财产，很容易就与其他家庭共同财产混同而难以区分了。

您这部分资产的价值比较高，如果您有顾虑的话我们建议您考虑通过《婚前财产协议》来约定清楚归属。此外，为了避免混同，除签订《婚前财产协议》之外，建议您婚后也严格执行“专户专款”，即结婚后另行开个交易账户再进行股票投资，不与婚前财产股票账户混用。因为您婚后新投资购买的股票及其产生的收益，在没有其他约定的情况下就是您与赵先生的共同财产，最好与您的婚前股票资产物理上也隔离好，才能更好地避免混同。

（三）基金

杨女士：

前两年基金投资很热门，我也投了些，投了300万元的股权投资基金，“5+2”的年限；还办了个证券投资基金的定投，每个月投3000元，直接跟我工资卡挂钩定期扣款的。这两笔钱有必要进行婚前财产约定吗？

财富守卫律师组：

您的这两类投资我们需要区分来看。您那300万元的股权投资基金，因为投资的钱是您的婚前财产，而投资后您也无法对其收益情况产生直接影响，其未来到期后如果有收益，该收益就不会被认定为“生产、经营投资的收入”，而可被认为是您投资的这300万元的“法定孳息”。因此，投资该股权投资基金的300万元本金与未来该基金取得的收益都可直接认定为是您的婚前财产和其在婚后产生的“法定孳息”，即属于您的个人财产。

而您定投的那个证券投资基金，其投资行为是持续性的，也会延续到您和赵先生结婚之后。如果不进行特别约定的话，那么理论上您婚前实际投资的部分及其未来收益是您的个人财产，而您婚后投资的部分和其产生的收益是您和赵先生的夫妻共同财产。但这跟之前分析过的股票投资有相通之处，即鉴于所投资基金证券组合的变化涨跌，以及未来因为各种原因而卖出该基金并挪用了卖出基金份额所获得的现金，那么在经过比较长的时间后要准确界定您个人财产和夫妻共同财产的界限是非常困难的。

（四）存款及银行短期理财产品

杨女士：

为了保持较好的资金流动性，我还有大概100万元的一年期大额存单，以及100万元左右期限一般在1～3个月的银行短期理财产品上，按你们之前的分析，感觉这部分资产如果不做清晰的婚前约定的话，婚后混同的风险也是比较高的，是吗？

财富守卫律师组：

您的这部分财产我们可将其视作“准现金”资产，如果我们不通过《婚前财产协议》来进行特殊约定，那么只能通过银行流水记录来证明您婚前拥有的金额。鉴于现金资产的易混同性，如果不通过签署《婚前财产协议》来明确约定婚前财产部分，那么留好相关银行凭证就十分重要。考虑到未来需要切分财产的时间点的不确定性，又由于银行保留的数据是有一定期限的，尤其是短期理财产品，所以需要自行留存相关银行凭证。为了提升这些银行凭证的证据证明力，最好是到银行索取加盖公章的流水清单，另外则是需要考虑经过长久的时间后打印墨迹褪色导致金额看不清楚的问题。

这部分财产在婚后产生的收益部分，如果您能始终如一地坚持只用作银行存款或固定收益的银行理财产品，是有理由将其收益视作您个人财产的。但从现实角度来考虑，则同样面临现金取出用作他用或与其他资金混同的情况，那么在需要进行资产切分时如果没有明确的约定就可能遇到认定困难。

（五）债权

杨女士：

去年我妹妹买房，考虑到按揭贷款利率不低，找我借了100万元，毕竟金额较大，她给我打了个借据，约定3年内归还，并且根据实际用款时间按年化6%的利率给我支付利息。借据和转账记录我都有，这笔钱和利息能自然算作我的婚前财产吗？

财富守卫律师组：

这笔钱从法律上看肯定属于您的婚前财产，而您妹妹向您支付的利息即便是在您和赵先生结婚之后支付的，也是您婚前财产的“法定孳息”，即您的个人财产。按照法律规定，婚前财产产生的孳息即便发生在婚后，也是属于婚前财产所有人的个人财产。

这里讲的“孳息”包括天然孳息和法定孳息,天然孳息比较好理解,是依据财产的自然性能和自然变化而取得的收益。比如,母鸡下蛋、苹果树结出的苹果等。法定孳息则是因为某种法律关系的建立而获取的收益,而且该收益的获取是基于法定或事先约定,以及随市场变化而发生的资产自然增值,可以简化理解为不需持续付出努力就可以获得的收益,比较典型的情况就是借款或银行存款。因此,您和妹妹间因存在借贷法律关系和利息的约定而产生的本金和收益,哪怕是在您和赵先生婚后才兑现的,从法律上讲也是您的个人财产。但是,正如之前已不断强调的,如果没有《婚前财产协议》则需要您自己收好各种凭证,并且最好做好资金的物理隔离,避免现金资产混同。

(六)黄金

杨女士:

考虑到保值和对抗通货膨胀,我还投资了150万元的黄金,就是在银行开户记账式凭证的那种,目前市值已经涨到200万元的样子。这笔钱也是有银行的清晰记录的,可以自然算作我的婚前财产吗?

财富守卫律师组:

您说的这种投资性的凭证式黄金就是大家平时说的“纸黄金”,其应该算一种有价证券,价格也是波动的。假设您就是买了一笔放在账上而不去主动操作买卖的话,该笔黄金凭证资产本身,以及未来因为黄金市场价格上涨而带来的自然增值,都是您的个人财产,这是比较容易认定的。但如果您像炒股一样在主动地进行高抛低吸操作,那么您和赵先生结婚后该笔黄金资产产生的收益在没有约定的情况下就是属于你们的婚姻共同财产了,因为会和炒股收益一样被认定为是"生产、经营、投资的收入"。如果您投资的是金条这样的实物黄金则认定起来要方便些,只要您有发票等证据证明确实是婚前购买的,无论价格怎么波动都放在那里不动它,那么这些金条不管价值如何变化,都始终是您的个人财产。

(七)古董、艺术品

杨女士:

除了前面讲到的这些,家里比较值钱的东西还有一个乾隆年间的青花瓷梅瓶和一幅当代名画家的画作。青花瓷梅瓶算我家的传家之物,没想过出售所以也没做过正式评估,但听古董行的朋友说因为品相完好而且是官窑出品,目前市值应该在小 50 万元了,而那幅画则是 2012 年的时候在画廊买的,有正式的发票。这两件东西又如何证明是我的婚前财产呢?

财富守卫律师组:

咱们先说那幅画吧,因为有购置发票证明其购买的时间肯定在您与赵先生结婚之前,其自然是您的个人财产,不会因为结婚而被自然混同。但青花瓷梅瓶因为没有相应的凭证显示确实是您婚前即拥有的物品，所以如果真的发生争议，要证明其确实是您的婚前财产还是要花些工夫的，单纯您的陈述或您亲友的证词还不一定能保证其归属于您。所以，为了保险起见，建议您要么下决心签订《婚前财产协议》明确约定好归属，要不单独做一个公证来证明其现在就已经属于您了。

三、财富守卫律师组的总结

通过逐一分析您的主要资产属性和状况，我们相信杨女士您对于在没有《婚前财产协议》的情况下婚前财产的认定方式和未来混同于婚内共同财产的风险都有了一定认识。总结来看，房产因为法律法规上给了较多直接的规定，而且房产本身的权属登记体系也较为清晰严密，所以婚前已全款购置的房产的归属是不会受结婚影响的，《婚前财产协议》对房产来说主要作用是约定清楚婚后按揭贷款怎么偿还以及是否将对应的房产价值部分和增值部分作为共同财产。对于其他有确切证据购置于结婚以前，且一般来说也不会去“动”的资产，比如有购置发票的艺术品，其归属也一般不会受婚姻缔结的影响。但是对于流动性较强，需要人为操作来实现资产保值增值的财产，如果没有《婚前财产协议》进行清晰约定，要认定为婚前财产并且将未来收益认定为个人财产就比较麻烦了。

所以，是否需要签订《婚前财产协议》是因人而异的，跟资产总量、资产形态和自身诉求都有密切关系。一般来说，如果财产数额较高，且存在以下几种情况的客户，我们都会建议其认真签

署《婚前财产协议》:

1. 家族企业的继承人或者父辈在经济上给予了很多支持的人士,从维护家族稳定及伦理上看,签署《婚前财产协议》是理性的选择。毕竟在这样的情况下结婚影响的不光是自己,还有自己的父母家庭。

2. 一方或双方有较多资产的再婚夫妻,一般也建议签署《婚前财产协议》。因为这样的婚姻中双方此前已经历过婚姻风险,一般也有各自的子女,相对来说家庭关系与财产关系都更复杂。谨慎理性的婚前财产筹划和清晰的《婚前财产协议》往往更有利于维护双方感情的稳定和纯粹,而且一般来说这样的夫妇也更能接受签署《婚前财产协议》。

3. 拟结婚的双方中一方或双方具有较高债务风险的人士也建议通过签署《婚前财产协议》来规避债务风险向家庭蔓延。

结合杨女士您提到的顾虑和您的客观财产情况,我们建议您通过《婚前财产协议》清晰约定婚前财产的范围和其在婚后取得收益的归属。当然,如果您委托我们为您起草《婚前财产协议》,我们还需要对您的资产情况进行更加深入细致的分析研究,也需要与您更深入地沟通,才能最大化地实现您的意愿并防范未来风险发生。

四、婚前财产公证

杨女士:

好的,非常感谢你们的专业分析和建议,这下我心里踏实了,回头就跟老赵商量,他是很有责任心的人,我想他会支持的。那么,这个《婚前财产协议》你们可以帮助拟定吗?如果是由律师拟定的,是否还有必要再去公证呢?

财富守卫律师组:

您放心,我们可以根据您的资产状况和要求为您量身定制最适合的《婚前财产协议》,如果您需要,我们也可以协助您向赵先生解释说明。根据《民法典》婚姻家庭编第一千零六十五条的规定,《婚前财产协议》必须是书面且约定明确的,具备可操作性和可执行性。至于《婚前财产协议》的内容要求和格式,我国现行的法律法规并没有明确规定,只要是双方真实的意思表示,且不存在按照法律规定会导致合同无效的几种情况,比如以欺诈、胁迫手段订立合同;或恶意串通,损害国家、集体或者第三人利益;或损害社会公共利益;或违反法律、行政法规的强制性规定等,那么就是有效的《婚前财产协议》,是否公证并不影响其效力。

但是,考虑到真正遇到需要进行婚姻财产分割的情况可能发生在若干年后,甚至发生在较为紧迫的情况下,为了增强《婚前财产协议》的公信力和可执行性,我们还是建议客户办理婚前财产公证的。具体操作上是先由律师协助您厘清财产关系、做好婚前财产筹划并拟定《婚前财产协议》,再去公证处办理公证。需要注意的是,婚前财产公证必须由准夫妻双方同时到场办理,当然,需要按公证处的要求带好各种证件和财产证明,这些我们都会为您提供指导和帮助的,请放心。

五、敲黑板，画重点

1. 结婚前是否需要签订《婚前财产协议》首先是分析一方或双方的具体情况，资产量较大且涉及较多家族财产、家庭关系比较复杂、一方或双方有较高债务风险的，建议签署。

2. 结婚前是否需要签订《婚前财产协议》，一方或双方所持有资产的具体性状也是重要的考量点。一般来说，流动性高的资产混同风险较大，而是否有准确的权属登记也是重要的考量点。财产数额及权属记录是否能在较长时间之后仍能方便、准确地获取也是必须考虑的因素。

3.《婚前财产协议》并非必须公证才有效，最重要的是签署内容要清晰明确和便于操作执行，建议由专业律师协助起草。但为了增强其公信力，在保证《婚前财产协议》清晰准确的基础之上，建议进行公证。

婚姻除了是情感归宿，也是两个人构建的一个权利共享、风险共担的利益共同体。在社会价值观越来越多元化的当代，抛开传统观念的束缚，根据自己的真实意愿选择签署《婚前财产协议》未尝不是一种对自己、对感情更加负责的表现。

第二章　婚内财产协议

幸福的时光总是过得很快,转眼杨女士已经跟赵先生结婚一年多了。一年多来不仅夫妻和顺,赵先生公司的业务量也快速增加,看上去很是欣欣向荣。但伴随着赵先生生意的扩大,新的问题冒了出来,当公司需要更多资金周转时,赵先生常常“借用”家里的钱,有时为了应对突发资金需求,赵先生也难免通过民间借贷来缓解资金周转困难。如此一来,公司与家庭财产的混同,以及对债务风险的担忧也日益困扰着杨女士夫妇俩。基于对G律师事务所“财富守卫律师组”的高度认同和信赖,杨女士再次登门,希望在婚内资产分割、隔离方面获取“财富守卫律师组”的专业意见建议。

一、婚内资产也可分割

杨女士:

跟老赵结婚以后我们感情不错,日子也过得挺好。可是这一年来他公司生意发展很快,为了“应急”经常拿家里的钱拆借给公司,有时还借了小贷公司的高利率贷款来周转。我是做财务工作的，看着这样的情况说不担心是假话。虽然我已经签过《婚前财产协议》，但结婚后的财产感觉还是应该隔离一下，为了孩子和我自己，也是为了老赵，生意拖垮家庭的事儿也不少见啊。我也跟老赵沟通过，他也支持我的想法，但具体怎么做我们还想不清楚，所以希望你们多给点建议。

财富守卫律师组：

杨女士您好，首先，我们认同您的担忧。您提到的问题其实在很多中小民营企业的企业家家庭中都存在，即公司财产与家庭财产未严格区分。因为赵先生习惯性地把家里的钱在未办理严格的“股东借款”手续的情况下拆借给公司，收回的情况我们推断大多数时候也非常随意，并没有借出金额与收回金额严格“一一对应”，这样难免发生赵先生个人或家庭的财产被认为“与公司财产混同”，严重的情况下甚至会导致“股东对公司承担有限责任”这一“公司”制度最核心的价值被动摇，即在发生债务纠纷时债权人主张要作为公司大股东的赵先生用个人财产、家庭财产来为公司债务承担连带责任。所以，赵先生的这个习惯带来的风险是非常大的。但我们也理解客观现实中赵先生的难处，所以，您可以考虑通过签署《婚内财产协议》的方式来划分您与赵先生的婚后财产。

就您谈到的情况来看，您与赵先生通过法律协议方式明确双方婚后财产的划分还是很有必要的。一方面，在明确了财富归属后，赵先生在以家庭财产为公司所用时考虑到有些财产明确属于您，会多一些顾忌，也更可能与您商量，让您能及时知道动态，该阻止时阻止。另一方面,将来公司的债权人主张赵先生公司财产与家庭财产混同,要求用家庭财产为公司财产承担连带责任时,有了该事前制定且被真正执行的《婚内财产协议》,便拥有了证明家庭与公司财务并未混同的证据。

与结婚前可签署《婚前财产协议》一样,婚后夫妻间同样可以通过签署协议的方式来约定财产分配,即可签订《婚内财产协议》,这是夫妻双方就婚姻关系存续期间所取得的财产进行分配的协议书。准确地说,婚后也可以就双方的婚前财产通过签署协议来明确,这跟婚前签署《婚前财产协议》是一样的。鉴于您已经跟赵先生签署过《婚前财产协议》,双方的婚前财产已经划分清楚,所以,现在可以将注意力集中在如何合法、清晰、有效地约定你们婚内财产的划分上。

二、婚内财产协议应如何约定

杨女士:

明白了,那就是跟我签过的《婚前财产协议》类似,需要逐一对婚后财产的归属分门别类地进行约定,是这样吗?

财富守卫律师组:

是的,除此之外,咱们在考虑《婚内财产协议》时还必须满足以下几个基本要求:

第一,《民法典》婚姻家庭编第一千零六十五条规定,《婚内财产协议》必须是正式的书面文件,即夫妻间就婚姻财产分配即便达成过某些口头约定,到了法庭上,法官也是不予认可该“口头约定”具有《婚内财产协议》的效力。

第二,《婚内财产协议》的内容必须是夫妻双方本着平等、自愿的原则,协商一致的真实意思表示。这也是一切具有“合同”性质的文件具有法律效力的前提条件。

第三,《婚内财产协议》的内容必须符合法律规定,违法的约定是无效的,另外也不能违背社会广泛认可的道德标准和重要行为规范,否则也会直接导致《婚内财产协议》无效或不完全有效,这一点非常重要。

第四,《婚内财产协议》的条款表述一定要清晰、准确,且财产区分是具有实际可操作性的。条款表述一定要注意避免歧义,这样才能够被夫妻双方顺利遵守,也可保证在发生争议时有明确的标准可供裁断。

(一)可约定财产的范围

杨女士:

婚内家庭财产要划分总感觉特别复杂,因为有婚前的,有婚后积累的,还有未来可能获得的,到底该如何确定《婚内财产协议》中的可分配财产范围呢?

财富守卫律师组:

根据《民法典》婚姻家庭编第一千零六十五条的规定,《婚内财产协议》里可以约定分配的财产是“婚姻关系存续期间所得的财产以及婚前财产”，也就是说，如果没有单独签《婚前财产协议》，结婚后还是可以在《婚内财产协议》里就婚前财产的划分进行约定。像您已经签署过《婚前财产协议》，则不需要在《婚内财产协议》中重复约定婚前财产的部分了。

而在约定“婚内财产”的划分时，一方面是对已有的“存量资产”进行分配，另一方面则是对婚姻存续期间未来将获得的财产进行归属划分。按照《民法典》婚姻家庭编第一千零六十二条的规定，如果不签署《婚内财产协议》，夫妻任何一方取得的工资、奖金、生产经营的收益、知识产权的收益都是夫妻共同财产，而夫妻任何一方继承得来的财产或是得到他人赠与的财产，除非被继承人或赠与人有明确表示仅将该财产给予夫妻的某一方，否则也是夫妻共有财产。所以，在签《婚内财产协议》时除了分门别类地将已有财产划分清楚外，对未来可能取得财产的归属更是要认真、细致地约定。

需要特别注意的是，在就未来可能取得的财产进行划分约定时，应就该财产可能取得的缘由和可能性进行简要表述，不能约定那些根本没有任何依据的“未来财产”，太天马行空的“未来财产约定”会对正常的约定造成干扰，对于真正需要依据《婚内财产协议》来进行裁决时也是无效的。举个例子，A 先生是名公务员，却与妻子 B 女士在《婚内财产协议》中约定了“婚姻期间 A 先生应每年向 B 女士支付 100 万元的赡养金”。B 女士的想法是先这样写着，不离婚等于没写，真离婚的时候就找 A 先生要。但是，这样的约定在打离婚官司时是显然不会被法官支持的，因为 A 先生并没有每年支付100万元的能力，也没有具备这样能力的预期。所以，《婚内财产协议》的内容必须"靠谱"，不能凭想象力来写。

（二）财产需明确界定

杨女士：

《婚内财产协议》可约定分配的财产范围确定了，具体在约定时有哪些技巧呢？

财富守卫律师组：

如前面提到的，《婚内财产协议》的条款表述一定要清晰、准确，且财产区分是具有实际可操作性的。那么具体操作上来说则是需要尽量准确、清晰地对已有财产、未来可能获得的财产进行分门别类后逐一表述清楚。比如，股票、存款、理财产品等金融资产，既然已经决定划分，则不要再放在一个账户内，夫妻二人应尽快各自开户并将划分后归各自所有的资产转到该账户下，并在《婚内财产协议》中明确约定开立在某机构的某账号下的资产归谁所有，分割时点的账户情况是怎么样的、余额多少等信息，并约定清楚未来账户管理及资金进出均由分得该账户资产的夫妻一方单独控制等。

而对于房产的划分，自然是需要将具体的物业名称、房产证号表达清楚。提醒注意的是，如果房产还处于按揭状态，夫妻间通过《婚内财产协议》划分财产后，该房产未来的按揭款由谁支付也需要约定清楚。只要协商一致，房产归一方所有，而另一方支付按揭款，从法律角度看也是没有问题的。

相对来说，对“未来财产”如何约定清楚技术含量更高，因为存在较多不确定因素和可变因素，各个家庭的情况千差万别，想真正做到“清晰、准确、有效”，建议还是向专业律师寻求帮助。原则上，可以比照《民法典》婚姻家庭编第一千零六十二条提及的工资、奖金、生产经营的收益、知识产权的收益，以及可能获得的遗产、赠与财产这几个方面进行分别约定。

最后，在拟定《婚内财产协议》时千万不要忘记“分产不分家”的基本原则，即夫妻双方均不可能因为签署了《婚内财产协议》而免除履行婚姻内应尽的经济义务。因此，《婚内财产协议》中还应该就家庭日常生活费用如何分担、子女抚养费用如何分担进行认真约定。另外，为了避免现阶段无法预料的未来某些较大额家庭费用发生时在已经“分产”的情况下夫妻双方为该谁承担、承担多少发生争议而影响家庭关系，建议在签订《婚内财产协议》时即明确约定该类“不可预计家庭费用”的承担方式，考虑到未来夫妻双方的收入情况可能发生变化，还可以将收入变化后的负担调整机制也一并约定。

（三）涉及财产权利登记变更的财产应尽快进行变更

杨女士：

《婚内财产协议》双方正式签署后就生效了吧？

财富守卫律师组：

是的，如果仅从《婚内财产协议》本身的有效性来看，确实是夫妻双方签署后就生效了。但是，要确保其中的财富分配落实，还需要对涉及财产权利登记变更的财产尽快进行变更。因为《婚内财产协议》中涉及的资产有可能是原本就登记在根据协议可分得该部分财产的夫妻一方名下或存放于该方名下账户内的，但也可能是原本登记在另一方名下或存放于其名下账户中，或者是原本登记在夫妻双方名下的，这样的财产即需要在夫妻双方签署《婚内财产协议》后尽快完成财产的权属变更。

具体来说，如果是房产、汽车等有明确权属登记的资产，则需要尽快“过户”到根据《婚内财产协议》应分得该部分资产的一方名下。而如果是如股票、存款、理财产品等金融资产，则应尽快变现后将资金给予应分得该部分资产的一方。如果短期内变现有困难或可能造成损失的，则建议将该《婚内财产协议》进行公证。否则《婚内财产协议》中这些需要“变更权属登记或户名”的资产，从法律角度看是夫妻一方对另一方的“赠与承诺”，而根据《民法典》合同编第六百五十八条的规定，未实际履行也未经公证的且不属于依法不得撤销的赠与承诺，赠与方可以轻易变卦而主张“撤销赠与”。也就是说，根据《婚内财产协议》分得的财产，需要尽快过户、更名到自己名下，或者通过公证巩固效力，才算“落袋为安”。

三、签署婚内财产协议应避免的问题

杨女士：

看来《婚内财产协议》要合理合法且可执行，需要注意的地方还不少。能不能帮我梳理一下在签订《婚内财产协议》时应特别关注的问题呢？前面听了那么多，我感觉自己还没完全抓住要点。

财富守卫律师组：

好的，夫妻双方签订《婚内财产协议》想要达成预期的效果，除了必须是自愿签署，还必须特别注意不能存在有效性有问题的条款。首先是不能有不合法的约定。比如，约定“谁提离婚，谁不分财产”，看上去是在给婚姻“上保险”，但这样的约定因为限制了法律赋予的离婚自由权，而会被认定为无效。

前面提到过的《婚内财产协议》中的财产分配约定凡是涉及需要进行财产权属变更的，在实际变更前其效力都是“待定”状态，因为另一方随时有权“反悔”主张并撤回赠与，那么《婚内财产协议》中涉及该部分财产的条款也会随之失效。与此类似的是夫妻双方约定将某财产归为子女所有，但在实践中往往是夫妻在《婚内财产协议》中作了此类财产约定，但这些财产仍然是由父母掌控着，因此从法律上来看，赠与并没有实际履行，同样属于没有完成的赠与便不生效，可随时撤销的情况。实践中，此类“赠与未完成”导致约定无效的情况很常见，需要格外注意。

其次，虽然签署《婚内财产协议》时可以约定各自财产归各自所有，但不等于就可不承担未明确约定的家庭生活开支。现实中，家庭生活的开支有些是无法预见的，若协议上没有明确约定，则自然应由双方共同承担。需要注意的是，签署《婚内财产协议》约定各自财产归各自所有，却并不能因此而免除夫妻间的扶助义务，因为这是婚姻存续期间夫妻间的法定义务。比如，因一方发生失业、患病等出现需要救助的情况，另一方应积极地承担扶助责任。

《婚内财产协议》中对子女养育费用的约定也是同理，即虽然可以通过约定明确一般情况下由谁支付子女日常的各种费用，但当情况发生变化，比如原约定承担费用的一方经济收入大幅下降而缺乏负担能力，或子女因重大疾病、境外求学等发生了大额支出，另一方也必须负担起相应责任。因为抚育子女是父母的一项天职和法定责任，不得因任何事由予以免除。

最后，需要特别提醒的就是在拟定《婚内财产协议》时切忌“画蛇添足”。比如，很多夫妻为了表达签订《婚内财产协议》并不是想要“婚内分家”，只是“以防万一”，所以就把“如果将来离婚，双方同意按照本协议分割财产”之类的表述写进了《婚内财产协议》，而这将直接导致整个《婚内财产协议》被视作“附条件生效的合同”，即仅有“离婚”实际发生时才生效。但是，真走到了离婚那一步，大多数人又会不太愿意按之前签的《婚内财产协议》执行财产分配，从而导致《婚内财产协议》成为一纸空文。

除不要将“离婚”作为《婚内财产协议》生效的条件外，作为律师，我们建议不要在《婚内财产协议》中出现任何关于该协议生效的时间或条件的表述，避免画蛇添足导致《婚内财产协议》不能在夫妻双方签署时即具有法律效力。

四、婚内财产协议的外部效力

杨女士：

好的，我感觉拟定《婚内财产协议》这事儿还是很专业的，而且有些东西按普通人看法“说清楚”了，但站法律角度看却还问题多得很，看来还是要寻求你们这些专业人士帮助拟定才放心。就我个人的情况来说，我最关心的还是在跟老赵签署《婚内财产协议》以后，是否就可以不担心他生意上的那些债权人来找到我承担债务归还的连带责任了？

财富守卫律师组：

这个问题我们需要分两个层面来看，首先必须明确的是，《民法典》婚姻家庭编第一千零六十五条第三款明确规定了夫妻间的财产约定要对抗债权人，即仅欠债的本人承担偿还责任，是以该债权人知道该夫妻间的财产约定为前提的。所以，并不是您与赵先签署了《婚内财产协议》即可自然避免承担他作为债务人的债务的。

但是，从现实的层面来看，赵先生可能涉及的债务一般来说是他的公司对外的借款，所以说第一债务责任人是他的公司。假设赵先生并未为该笔债务签署承担保证责任的文件，那么债权人是不能因为他是公司的股东而找他还债的，除非债权人能证明赵先生的个人或家庭财产与公司财产混同。而一份清晰且被认真执行的《婚内财产协议》往往可以成为家庭财产没有与公司财产混同的有力证明。而在赵先生为公司债务签署了保证文件甚至需要承担连带保证责任的情况下，您与赵先生之间的《婚内财产协议》以及之前已签署过的《婚前财产协议》也可以成为保护您权利的有力证据材料。

需要提醒的是，如果您作为赵先生的妻子，也应债权人的要求为赵先生公司的债务签署了承担保证责任甚至连带保证责任的文件,则该债务会直接成为您的债务,您与赵先生间签的任何财产协议均不影响您对该债务承担保证责任。

五、婚内财产协议公证

杨女士:

前面的咨询意见里多次提到公证,那么《婚内财产协议》你们也是比较主张进行公证的,对吧?

财富守卫律师组:

是的,虽然法律上只规定了“书面形式”作为《婚内财产协议》有效的必要条件,并不要求公证。但是,鉴于《婚内财产协议》涉及的问题比较复杂,而且凡是涉及财产转移的“赠与”如果没有及时办理产权变更手续就将面临“反悔了无效”的风险,所以,如果能在签署时进行公证,则有利于固化夫妻双方商讨的成果,而且一些明显有问题的条款,公证员也会指出而不予公证,也起到“把关”的作用。

当然,要将《婚内财产协议》的内容拟定得合法、清晰、明确且可操作性强,还是建议找专业律师帮助,拟定好之后再去公证会更高效、顺利。

六、敲黑板,画重点

1.《婚内财产协议》可为婚姻中的财产权提供坚实保障。一份清晰有效的《婚内财产协议》有助于减少家庭中的财产纠纷，哪怕婚姻走到尽头，也更容易好说好散。

2. 在对外效力上，《婚内财产协议》须是“债权人明知”才可以对抗债权人提出的“夫妻共同偿还要求”。

3. 清晰且实际执行了的《婚内财产协议》往往能成为“家庭资产并未与公司财产混同”的有力证据，从而在一定程度上避免私人财产为公司负债承担连带责任。

4. 涉外婚姻建议签署《婚内财产协议》。因为涉外婚姻一旦涉及离婚，可能适用国外法，而各国婚姻法对离婚财产分割的规定或倾向多有差异。但是，鉴于各国通行的对“意思自治”的尊重，一份《婚内财产协议》往往在跨国婚姻离婚财产分割中起到决定性作用。

5. 签属《婚内财产协议》时除分门别类地将已有财产划分清楚外，对未来可能取得财产的归属更要认真、细致地约定。鉴于这是非常复杂且精细度要求很高的工作，如有问题将直接影响《婚内财产协议》的效力和可执行性，建议引入专业的律师来协助起草。

俗话说，“清官难断家务事”，外人更是理不清“家庭财产”。夫妻双方本着“平等协商、和睦护财”的态度拟定《婚内财产协议》，虽然不那么传统，却未尝不是一种能帮助双方清晰认识家庭财产状况，并树立明确的财富保护观念的好办法。

第三章 离婚协议

通过前期的优质服务，杨女士对G律师事务所的“财富守卫律师组”建立起了高度信任，遇到麻烦事儿总是第一时间来寻求专业帮助。不过，这次不是为她自己，而是为她的好朋友周女士。周女士是一名全职太太，丈夫徐先生经营着一家企业，收益还不错。半年前，周女士发现徐先生与一孙姓女士有外遇，而且生了一个孩子，已经3岁了。被发现后，徐先生也承认该事实，并且承认多年来一直与孙女士来往，还负担着孙女士和其女儿徐小红的生活开销。周女士无法接受该事实，拟向徐先生提出离婚。

一、协议离婚

周女士：

我的情况说白了也不复杂，就是我先生老徐背着我在外面有了外遇，而且还生了孩子，孩子都3岁了我才知道。既然来你们这里，就已下定决心离婚。老徐有自己的公司，所以家里经济状况不错，所以离婚要分的资产也比较多、比较复杂。我多年来一心持家，没有在外工作，到了这一步、在离婚财产分配上也不愿再吃亏，而且是他对不起我，应该给我精神损失赔偿。另外就是我儿子小明才 12 岁，正是成长关键期，我是想要争取跟我的。所以，想请你们帮忙出出主意，这婚怎么离最有利于保障我的权益，并且尽可能简便快捷，避免再继续劳心伤神。

财富守卫律师组：

好的，按照您的简要描述，我们建议您优先考虑“协议离婚”，即夫妻双方协商达成一致并签署《离婚协议》后直接到民政部门办理离婚手续。《离婚协议》必须是夫妻双方通过书面形式明确表达双方自愿离婚，并包含子女抚养及探视、财产分割、债务处理等内容。

相较于去法院诉讼离婚，协议离婚是一种相对比较高效率也有利于保护隐私的方式。因为无论根据《民法典》婚姻家庭编还是根据原来的《婚姻法》的相关规定，“调解”是离婚的必要前置条件，而且司法程序本身比较漫长，法定的一审时限是 6 个月，还不包括调解期，因此诉讼离婚的时间精力成本是很高的。在 2021 年 1 月 1 日《民法典》生效后，协议离婚的程序也会较之过去复杂一些。依据《民法典》婚姻家庭编第一千零七十六条、第一千零七十七条以及第一千零七十八条的规定，协议离婚需要以下三个步骤：第一，夫妻双方就自愿离婚、子女抚养、财产与债务分割这三方面内容达成一致并形成书面的《离婚协议》。第二，在达成一致的情况下到婚姻登记机关申请离婚并开始为期 30 日“离婚冷静期”。在此期间，任意一方可以单方面撤回离婚申请。第三，“离婚冷静期”结束，双方在婚姻登记机关共同领取离婚证，即视为离婚手续办理完成。当然《离婚协议》作为协议离婚的必要部分，需要注意的事项琐细繁多，需要具体问题具体分析、准确约定。

对于财产关系复杂、重大而又不希望浪费过多时间精力在诉讼程序上的高净值人群而言，协议离婚的优势更加明显。单从财产分割来看，较为好分的是现金或准现金类财产，比如存款、短期理财产品等。对于房产等不能分割的资产，无论是物归一方还是卖后折现，在无法明确价值的情况下，如果通过诉讼离婚分割往往还需支付一笔评估费。如果还收藏有字画、古董等，不仅仅存在评估费用，若要折现还需支付拍卖行费用。所以，能协商一致“协议离婚”是最佳离婚路径。

离婚时，原则是夫妻共同财产一人一半，但说的容易，真执行起来还是很复杂的。我们可以先将需要注意的问题给您整体介绍，然后在您和您先生商议确定子女、财产的处理方式后我们再根据你们商定的内容帮助详细拟定《离婚协议》，如果过程中需要我们协助商谈的，我们也可以提供帮助，目的是尽可能避免因离婚，双方产生更多的矛盾，尽快达成您的意图。

二、离婚协议的基本要求

周女士：

好的，那就先麻烦你们整体介绍一下我跟老徐谈协议离婚的时候应该注意哪些事项呢？

财富守卫律师组：

首先，为了确保《离婚协议》有效，在协商及签订时应满足双方自愿、约定清晰准确、完成离婚登记手续这三个基本要求。

《离婚协议》中首先要载明双方是自愿离婚，“离婚的合意”可以说是《离婚协议》中最重要的部分，应开宗明义，写在最前面，如首先写明“双方确认夫妻感情已破裂，自愿同意离婚，并签署本协议”。所谓合意，就是说夫妻双方出于真实意愿、基于平等协商表达同意离婚的意思。需特别提醒的是，协议离婚一定讲求自愿性，不能存在欺诈、胁迫、乘人之危等违背夫妻一方或双方真实意思的情况，如存在这类情况，《离婚协议》无效，即便离婚手续已经办理，被欺诈、胁迫、乘人之危的一方还是可以通过诉讼来否认《离婚协议》。至于欺诈、胁迫、乘人之危如何认定，建议在有怀疑某行为时及时咨询律师，因为司法上的认定和普通人的感知可能存在差异。

其次，《离婚协议》约定的内容应该清晰、准确、易操作。《离婚协议》既牵涉人身权又牵涉财产权，想一份协议包罗全部内容往往是很难做到的，但《离婚协议》起码应该对核心问题的处理方式予以明确。比如，针对子女抚养问题，应明确子女由谁抚养、另一方支付抚养费的数额及时间、探望子女次数与时间等；针对夫妻共同财产分割，应尽量列明需要分割的财产明细、分割方案以及何时办理产权变更手续，对于未能列明的财产也应该约定处理原则和方式。

最后，需要特别注意的是，《离婚协议》是以夫妻双方解除婚姻关系为根本目的，这就决定了《离婚协议》属于“附条件生效”的一类协议，即《离婚协议》仅在夫妻双方办理完毕离婚登记手续、实际解除婚姻关系后才生效，而且也绝不会有“签署《离婚协议》后自动离婚”的可能。

三、离婚协议的必要内容

在就协议离婚整体上应考虑的问题向周女士阐释后，财富守卫律师组又就《离婚协议》应包含的必要内容向周女士逐一提供了咨询意见。

（一）子女抚养

周女士：

对我来说，最大的愿望是能顺利拿到孩子的监护权。老徐他有错在先，而且也另外有个私生子了，我觉得他应该也不会太跟我争，但协议离婚的话，子女抚养问题上该怎么明确约定还想请教一下。

财富守卫律师组：

离婚后子女随父母哪方生活，主要是考虑怎么样最有利于孩子的成长，像你家小孩已经 12 岁，能清楚表达自己意愿了，在没有父母哪方存在不适宜监护孩子的特殊情况下，如果通过诉讼离婚法官也会询问并比较尊重孩子自己的意愿。现在您考虑协议离婚，则主要是征求孩子意愿并跟您先生商量后将孩子的抚养问题清晰写进《离婚协议》。

我国《民法典》婚姻家庭编第一千零八十四条明确规定，父母与子女间的关系，不因父母离婚而消除。离婚后，子女无论由父或者母直接抚养，仍是父母双方的子女。另一方对于子女仍有抚养和教育的权利及义务，应在《离婚协议》里详细约定子女抚养的相关内容，否则一旦出现争议纠纷闹到法庭，会给子女带来二次心灵伤害。具体来说，应尽可能地约定清楚子女由哪一方直接抚养，也应约定清楚不直接抚养一方探视的时间、频率、接送方式、重要节假日由谁陪伴等。经济方面则应约定清楚不直接抚养的一方所应支付的抚养费金额、支付时间与支付方式，以及子女日常教育费、医疗费等费用双方如何分配承担。考虑到子女成长过程中还可能发生一些无法事前预见的费用，以及一些大额的非医疗支出，在《离婚协议》中也应约定清楚这类费用的双方分担模式，以免日后出现不必要的纠纷，影响子女的健康成长。

（二）财产分配

周女士：

财产方面，如刚才所说，我也希望能够通过《离婚协议》尽量多地争取自己的权利，但家里资产状况确实比较复杂，具体的肯定是需要我跟老徐详细谈怎么分，但在跟他谈的时候我该注意哪些方面呢？

财富守卫律师组：

财产分割方面，因为是协议离婚，谁分多少都是双方谈出来的，所以婚前财产或婚后财产的区分，或者财产现在登记在谁的名下反而不那么重要，更重要的是要厘清具体有哪些资产种类，再分门别类采取最适宜的切分方式。

先说房产的分割，如果是全款房或房贷已结清的，则处理起来相对容易，夫妻双方在《离婚协议》中约定清楚房屋的归属即可。但在约定归属的同时，如果涉及需要变更过户的，一定要对房屋产权变更的期限及另一方的协助义务和一旦违约应承担的责任进行明确约定，防止虽然签了协议但不配合过户的情况发生。对于有贷款的房屋则情况比较复杂，因为在夫妻双方约定房屋归属时会涉及贷款还款问题。作为离婚财产，若涉及还款义务人变更则需要经过银行的审批同意，银行会对新还款义务人的还贷能力进行审核，甚至要求新还款义务人提供新的担保。刚才您提到多年来一直没有外出工作，所以在您与徐先生商议房产分割时应特别关注这个后续贷款偿付问题，不光要考虑还贷能力还要考虑银行审批的可行性。如涉及按揭房划分给您，则应在《离婚协议》中明确约定解决方式，以保证后续的落实履行。离婚并对房产进行分配后，如涉及房屋上户口的迁出等问题，也应一并约定清楚。

对于现金及银行存款分配的约定，双方应在《离婚协议》中写清楚夫妻双方实际保管的现金及存款的总数额、存款在谁的名下、账号，以及该现金或存款是如何分配，不要笼统地约定"夫妻双方各自名下的存款归各自所有"，因为这样笼统地写，一旦有一方存在恶意隐瞒、转移存款的情况，即使另一方后来知晓了也难以在离婚后再追偿。

关于股票、债券、理财产品等金融资产在《离婚协议》中的约定应如存款约定一样，列明股票（基金、理财产品等）的代码、账号、开户的交易所、当前市值等基本信息，并清晰约定该部分金融资产的归属和处置。另外，需要注意的是，股票、基金等二级市场交易的有价证券，其价值是随着股市的涨落而涨跌的。离婚分配时要充分考虑其风险后衡量离婚财产分配对夫妻双方的均衡性，所以在商讨股票等价值波动较大的资产的分配时应体现出对其风险的考虑。

《离婚协议》中还应清楚约定债务承担问题。债务承担的基本原则是以债务形成时所处的时间阶段作为切入点，即如果该债务的形成是在您婚姻存续期内，是不能因为《离婚协议》中约定了由某一方承担债权而对抗善意的债权人的，尤其是您作为配偶签署了保证责任的债务。但《离婚协议》中对债务承担清晰约定也并非毫无价值，至少能确保您对徐先生拥有追偿权。

此外，由于徐先生拥有自己的公司，您是否能分得股权，或者哪些能分、哪些不能分，从您现在给出的信息我们还无法判断，建立委托关系获得您授权后我们可以协助您调查清楚，然后再研究涉及股权的离婚财产分配方案。

最后就是您开始时提及的"精神损害赔偿"问题。如果诉讼离婚的话，法定的无过错方可以要求损害赔偿的情况只有五种：（1）重婚的；（2）与他人同居；（3）实施家庭暴力；（4）虐待、遗弃家庭成员；（5）有其他重大过错。从您表述的情况来看应该都还够不上。但既然是协议离婚，建议从道义、情感方面与徐先生谈更为有利。从法律上来看，徐先生一直以来对其婚外情人孙女士和非婚生子徐小红的经济支持如无其他证据，可以看作使用了你们的婚内共同财产，您拥有追回权，但这真要行使起来取证方面没那么简单，所以，建议将其作为谈判筹码，而主要还是以跟徐先生达成协商成功为目的。

四、拟定离婚协议需关注的问题

周女士：

好的，该如何跟老徐谈，我大致清楚了，谈的过程中如有需要还烦请你们参与谈判。我还有其他需要特别关注的问题吗？

财富守卫律师组：

需要您特别关注的几个问题，我们再帮您梳理一下：

首先，请一定记得《离婚协议》必须是去民政部门办理完离婚登记了才生效的。假设您和徐先生签署《离婚协议》后由于各种原因暂时未办理离婚手续，想去办理时一方又对已签过的《离婚协议》想反悔，而双方又没有协商达成新的《离婚协议》，最终走上了诉讼离婚之路，并向法官提交了两人签署过的《离婚协议》，主张按照双方已约定的财产分割方案进行分割，法官是不会认同的。因为《离婚协议》是以双方协议离婚为前提的，一方或者双方为达到离婚目的，可能会在财产分割、子女抚养等方面作出有条件的让步，在未离婚且反悔的情况下该份《离婚协议》约定的内容不能作为法院处理离婚案件的直接依据。

其次，实际离婚且《离婚协议》生效后，涉及财产需要实际转移交付或办理过户手续的应尽快办理，否则还是可能因为另一方反悔而无法获得该部分财产。

如果实际离婚后又想对已经生效的《离婚协议》提出异议，则需要区分情况来看，如果是因为在订立《离婚协议》时确实存在欺诈、胁迫等情形的，应该在签字一年内提出。但如果并没有欺诈、胁迫情况，仅仅是因为觉得财产分配不公，法院审理后会驳回诉讼请求。[①] 根据《民法典》婚姻家庭编第一千零九十二条的规定，在婚姻关系存续期间任何时间（包括离婚时）发现了对方隐藏、转移、变卖、毁损、挥霍夫妻共同财产的，可以向法院提起诉讼，请求再次分割夫妻共同财产。该诉讼应该在发现对方存在隐藏、转移、变卖、毁损、挥霍夫妻共同财产的三年内提起诉讼。

最后，《离婚协议》的版本问题。夫妻在协商离婚期间甚至在实际离婚后，往往签署有多份不同版本的《离婚协议》。甚至在办理离婚登记手续时考虑到省时省力或保护个人隐私还可能签署了民政部门提供的简易格式版本。如果版本之间存在约定内容不一致的地方，就极易在履行过程中发生双方扯皮推诿的情况，在后续诉讼中，法院通常也会将适用哪一版本的《离婚协议》作为争议焦点之一。因此，协议离婚时最好聘请专业律师，尽量在一份《离婚协议》中约定清楚方方面面的内容，避免出现多个《离婚协

① 《最高人民法院关于适用〈中华人民共和国婚姻法〉若干问题的解释（二）》第九条规定："男女双方协议离婚后一年内就财产分割问题反悔，请求变更或者撤销财产分割协议的，人民法院应当受理。人民法院审理后，未发现订立财产分割协议时存在欺诈、胁迫等情形的，应当依法驳回当事人的诉讼请求。"

议》版本，从而避免承担巨大的法律风险。

在已经有多版本《离婚协议》的情况下，一般来说，民政部门作为离婚登记的法定行政机关，其登记备份的《离婚协议》具有更高的证明力，法院在审理过程中通常采用民政部门备份的《离婚协议》作为认定事实的依据。所以，如果双方真实履行的《离婚协议》版本与民政局登记备份的版本不一致，可在实际履行的版本中写清楚"双方在民政部门签署的版本仅作为登记备份之用，双方同意实际依照本协议约定履行"。

五、敲黑板，画重点

1. 合理地分配财产是协议离婚的重要前提，高净值家庭的财产种类及权属关系可能较为复杂，清晰界定可分割财产非常重要，建议聘请专业人士协助。

2. 关于《离婚协议》的起草与签订是一个相对比较专业的问题，即使夫妻双方按照上述各个方面对夫妻关系及财产关系进行了约定，也可能会因为协议中某个细节未注意到而导致协议的无效或最终不能按照协议约定进行分配。所以，订立离婚协议应当谨慎、全面地衡量与考虑，最好找专业人士帮忙起草，以保证夫妻双方的意思可以完全表达，保证双方的合意。

3.《离婚协议》是必须办理好离婚证才生效的，而自 2021 年 1 月 1 日起，依据《民法典》的规定，是需要经过"离婚冷静期"后正式领取了离婚证才算离婚手续完成[①]，所以，建议在《离婚协议》中约定“如因各种原因双方未及时离婚，本协议自动转为《婚内财产协议》”，以便锁定双方商讨结果。《婚内财产协议》是夫妻双方一经签字即生效的，对双方具有法律约束力，如后来诉讼离婚也可作为强有力证据。

4. 离婚后，子女与父母双方的关系并不会改变，双方均对子女承担抚养、教育义务。不直接抚养子女的一方拥有法定的探视权，另一方应积极配合。

5. 离婚房产分配时，对于按揭房来说，如需要更换贷款还款义务人，还需要取得银行的审批同意。

相爱容易相处难，离婚如今已非“讳莫如深”之事。理性处理好离婚及随附的子女抚养、财产分割等问题，也是对“人”的尊重的体现，同样可以散发人性关怀的光辉。

---

① 《民法典》第一千零七十七条规定：“自婚姻登记机关收到离婚登记申请之日起三十日内，任何一方不愿意离婚的，可以向婚姻登记机关撤回离婚登记申请。前款规定期限届满后三十日内，双方应当亲自到婚姻登记机关申请发给离婚证；未申请的，视为撤回离婚登记申请。”

第四章　遗　　嘱

身体上的突发状况让王董事长开始接触 G 律师事务所的“财富守卫律师组”，并且就家族企业传承中的企业控制权问题有了深度交流。但除企业股权外，其他的家族财富传承也需要提前规划，而提前准备好遗嘱是王董事长能想到的避免“什么都没有准备的情况下发生极端意外”的“保底措施”。为了更清楚地了解财富传承的基础知识，更全面周到地确定遗嘱订立的方向、财富传承的路径，王董事长再次来到了 G 律师事务所，希望获得专业意见。

一、遗嘱订立的时机

王董事长：

上次跟你们谈及了企业股权传承的事宜，很受启发，后来我也在考虑除公司股权问题外，还要请你们尽快帮我梳理各种财产后订立遗嘱保底，做到有备无患。因此，今天找到你们是想请你们帮我理顺思路，方向清晰了，我也有了成算之后你们才好进一步开展工作。

我的家庭关系上次谈及企业股权传承时也给你们介绍过。我的想法是先立个遗嘱来“兜底”，避免什么准备都没有的时候突发意外，然后再来慢慢调整、完善传承问题。当然，我也算家大业大，真正要安排分配是很复杂的事儿，我知道你们也认真梳理调研了才能提出意见，但我希望能先跟你们有个框架性的探讨，供我参考。

财富守卫律师组：

首先，非常感谢王董事长您的信赖。确实，提前规划以应对意外，尤其是极端意外的发生，才能更好保障辛苦创业的基业长青，也更有利于财富传承、家庭和睦。现实中大量案例表明，没有提前进行传承规划，很容易引发家庭内部纷争，甚至阻碍企业发展。客观来说，要做好像您这样高净值人士的家族财富传承，我们需要综合利用金融工具和法律工具，是非常复杂的系统性工程，但诚如您刚才提到的，为了避免“什么都没有准备的情况下发生极端意外”，最快捷简便的“保底措施”是您先订立一份遗嘱。

在中国，由于传统生死观的影响，大多数人在年富力强的阶段不愿或想不到“遗嘱”这个话题，其实这对高净值人士，尤其对企业主来说是很危险的。因为一旦发生意外，那么就会发生您所担心的“什么都没准备好而出大乱子”的情况。我们作为律师见过很多案例，由于没有提前安排而突发状况，导致家庭成员因争夺财产各怀心思，谁都无心经营企业，往往致使家庭、企业陷入混乱之中。所以，您能在年富力强之际考虑这个问题，正是您理性、开明的体现。如果说企业主什么时间点考虑立遗嘱作为“兜底”

比较好，我们的建议是，“越早越好，早一天准备好，企业和家庭就早一天获得一份法律保障”。

二、遗嘱订立的价值

王董事长：

嗯，我最先想到的也是订立一份遗嘱，其他的再慢慢考虑，而且遗嘱即便订立了，也是可以后面再调整的，是吧？

财富守卫律师组：

是的，遗嘱最大的优势就是可以完全按照立遗嘱人的意愿来订立和调整。立遗嘱人可以依照自己真实的意愿，综合考量各种因素后对自己的企业、财富作出安排和处理，或各个继承人均有份但具体份额不同，或选择一个或多个进行传承，完全由自己说了算，可最忠实反映立遗嘱人的意愿，并有效防止继承人之间起纠纷。

另外，订立遗嘱有助于家庭财产的厘清。一般情况下，企业主的资产状况和企业的管理全貌，他的继承人很难完全了解，特别是由立遗嘱人自己掌控的企业经营管理核心机密，以及现金、古玩字画等特殊财产。现实中，因突发意外导致离世的情况时有发生，而在离世者未对自己的财产进行提前清理及披露的情况下，包括继承人在内的其他人是很难将全部资产都弄清楚的，届时哪些是个人财产，哪些是公司财产，甚至哪些是朋友或合作伙伴的东西就容易理不清楚，而因为不清楚遗产范围引发的纠纷也是实践中比较常见的。提前通过遗嘱列明全部财产，并详细说明继承、赠与方案，可大大降低因财产不明而引发问题的风险。

按照《民法典》继承编第一千一百二十三条的规定，如果没有事前订立有效遗嘱，一旦死亡意外发生，则按照“法定继承”办理。法定继承中，被继承人的父母、子女、配偶都是处于同等地位的“第一顺位继承人”，财产将被全体第一顺位继承人平均分配。这对于企业主家庭来说显然会带来很多问题。在有遗嘱的情况下则可按遗嘱分配。而立遗嘱人一般会在遗嘱中将自己所有的财产分配情况、企业安排情况明确写清楚。虽然遗嘱无法控制继承人是否起诉、是否按照遗嘱来执行，但有一份精心订立、表达清晰准确、专业人士协助消除效力瑕疵的遗嘱，相比没有遗嘱而言，或比起笼统含糊甚至存在效力瑕疵的遗嘱来说，更能够明确财产的归属，防范家庭纠纷产生，维护家庭稳定。

三、遗嘱订立的内容

按照财富守卫律师组的提示，王董事长就其对企业传承、其他子女可继承财产安排、夫妻间继承以及如何对非继承人给予遗赠等问题逐一进行了探讨。

（一）遗产范围确定

王董事长：

我不是迷信之人，现在订立遗嘱对我来说没有心理障碍，过去虽然从来没想过这个问题，但经你们一说，感觉很是有道理。如果要订立遗嘱，我最先该从哪里入手呢？

财富守卫律师组：

首先是厘清到底哪些财产可纳入遗产范围。您作为企业主，首要的是区分公司财产与您私人财产，公司财产肯定不直接涉及继承。其次是需区分您和您太太的资产。按照我国法律规定，除了《民法典》婚姻家庭编第一千零六十三条规定的几种例外情况之外，婚后获得的财产都是夫妻共同财产。鉴于您与您太太的婚龄很长了，在你们之间没有签订过《婚内财产协议》的情况下你们的夫妻共同财产是很多的，而这部分财产按照法律规定就只有一半是您的个人财产，可纳入遗嘱财产。所以，您拟定遗嘱之前，最重要的是准确界定遗产的范围，并厘清各项资产的情况，这样才可能制定出一份能真实体现您的意志，又能被顺利执行的法律文件。但您这样企业家的资产厘清，尤其是准确划分夫妻共同财产，工作量估计非常大，还会涉及很多资产需要依法律规定界定的问题，所以，建议您借力专业律师协助该项工作。

（二）企业传承

王董事长：

如之前跟你们提及的，从我家的情况来看，目前大儿子比较适合继承家业，他也一直在为之做准备，而且从他一直以来的表现来看应该也有这个能力。小儿子能力也很强，也不排除未来他会回来参与家业经营，但女儿和二儿子明显未来不会参与公司经营了，所以企业的股权我并不打算在几个孩子间均分，以避免股权分散后决策权分散的问题。这个应该没有问题吧？另外就是我那不省心的儿媳，奢侈浮夸、热衷玩乐，实在不愿大笔遗产她也有份儿，这个有办法吗？

财富守卫律师组：

您放心，遗嘱的内容整体上来看是完全可以由您自己决定的。所以，企业股权继承安排上，比例如何定，甚至另外的子女是否有股权继承权，都是由您自己决定的。当然，企业传承涉及的问题非常多，为了顺利实现目的，还需要跟股东会、董事会决议，职务安排、投票权安排等一系列筹划相配合才能实现预期效果，中间可能涉及大量的法律文件和专业判断，所以，建议您聘请专业律师协同制订完整的传承方案。

至于您提及的不愿遗产给儿媳的问题，这个法律上是没有障碍的，可以通过遗嘱写明遗产是您儿子的个人财产来实现，这也是遗嘱“完全体现立遗嘱人意志”的表现。反过来说，如果没有遗嘱或遗嘱中没有明确约定遗产非继承人的，那么遗产确实将成为继承人的夫妻共同财产，配偶方自动享有权利。

（三）涉外继承

王董事长：

女儿已经移民美国，看样子也是不会回来定居的了，所以遗产分配我主要考虑把这些年来陆续在境外置办的资产给她，国内也再给她留笔现金吧。但她已经是外国人的这个身份，会不会造成影响啊？

财富守卫律师组：

您和您女儿的这种情况涉及涉外民事关系中法律适用的问题了，如果继承的是国内财产就比较简单，可以直接依据我国《涉外民事关系法律适用法》第三十三条处理，即适用立遗嘱人立遗嘱时或者死亡时的经常居住地法律或者国籍国法律，那么按您和您女儿的情况看，应该适用您的经常居住地或国籍国法律，即中国法律。但按您所说，您打算遗嘱里归女儿继承的资产主要在国外，那么资产所在国当地的法院有可能根据其本国的涉外民事法律关系适用规则，即所谓“冲突规则”，来确定法律适用，那就有可能不适用中国的法律了。所以，这个问题还必须一事一议，由中外律师协同分析解决。

（四）特殊情况继承人权利保护

王董事长：

我最放心不下的还是二儿子，大学刚毕业就出了意外导致严重残疾，现在他妈妈在，还有放心的人照应，未来他妈妈走了就只能靠大哥照顾了，我在立遗嘱时能为他做点儿什么特别安排吗？但给他太多钱，也怕反而成了他的负担。

财富守卫律师组：

按照我国法律规定，像您二儿子这样的情况，您在订立遗嘱时恰恰是必须为其保留份额作为其维持生活所需的。[①] 当然，这笔钱只需要能满足其正常的生活和医疗需求即可。我们明白您的担忧不是在钱本身上，而是在如何让他持续地享受到您给他的钱。建议您除遗嘱中明确留够给二儿子的资产以外，将他未来的生活照顾作为任务指定给您的某位继承人，并将该义务的完成情况与给该继承人的部分遗产挂钩，即完成不当的话可能取消该部分财产的继承。另外，自 2021 年 1 月 1 日起，即可充分利用《民法典》中对“遗产管理人”的规定来解决该问题。《民法典》继承编新增“遗产管理人制度”[②]，且遗产管理人具有下列职责[③]：(1)清理遗产并制作遗产清单；(2)向被继承人报告遗产情况；(3)采取必要措施防止遗产毁损、灭失；(4)处理被继承人的债权债务；(5)按照遗嘱或者依照法律规定分割遗产；(6)实施与管理遗产有

---

① 《民法典》第一千一百四十一条规定，遗嘱应当为缺乏劳动能力又没有生活来源的继承人保留必要的遗产份额。该规定与之前《最高人民法院关于贯彻执行〈中华人民共和国继承法〉若干问题的意见》第三十七条的规定主体内容一致。

② 《民法典》第一千一百四十五条规定，继承开始后，遗嘱执行人为遗产管理人；没有遗嘱执行人的，继承人应当及时推选遗产管理人；继承人未推选的，由继承人共同担任遗产管理人；没有继承人或者继承人均放弃继承的，由被继承人生前住所地的民政部门或者村民委员会担任遗产管理人。

③ 《民法典》第一千一百四十七条规定，遗产管理人应当履行下列职责：(一)清理遗产并制作遗产清单；(二)向继承人报告遗产情况；(三)采取必要措施防止遗产毁损、灭失；(四)处理被继承人的债权债务；(五)按照遗嘱或者依照法律规定分割遗产；(六)实施与管理遗产有关的其他必要行为。

关的其他必要行为。因此,您可以事先指定遗产管理人,或继承开始后由“遗嘱执行人”成为“遗产管理人”并对该“附加条件”遗嘱的执行情况进行监督。“遗产管理人”应可信赖且有长期督促该遗嘱执行的能力,除由亲友担任外,也可选择律师作为“遗产管理人”提供专业服务。

(五)遗赠

王董事长:

对于二儿子的母亲老陈,我的感情是复杂的。当年确实性格不合,处不下去,但毕竟她是我一个儿子的妈,而且这个儿子还遭遇不幸,也连累她一辈子受苦。所以,如果我真有什么意外,还是想能给她留点儿资产作为补偿。但我们什么名分都没有,怎么操作呢?

财富守卫律师组:

我们能理解您的心情。这个您不用担心,完全可以在遗嘱中以“遗赠”的方式列出一定资产赠与陈女士。即对于朋友、继承人之外的其他亲属、您认可的公司老员工,甚至完全没有特殊关系的其他人,您都可以通过在遗嘱中写明某些财产赠与给她或他的方式来实现您百年后该笔资产的赠送。基于遗嘱“完全遵循立遗嘱人意愿”的原则,在遗嘱生效时,“遗赠”条款也是受法律保护的,而且受遗赠人的身份在法律上是没有限制的。

四、遗嘱的订立方式

王董事长：

订立遗嘱的关键问题我有数了，下来好好考虑后跟你们联系具体厘清资产。那么订立遗嘱有哪几种方式呢？哪种最好？

财富守卫律师组：

遗嘱的订立方式在《民法典》继承编里是有明确规定的，承认公证遗嘱、自书遗嘱、代书遗嘱、打印遗嘱、以录音录像形式立的遗嘱、口头遗嘱这六种订立方式。需要特别注意的是，《继承法》的规定是公证遗嘱效力最高，但自 2021 年 1 月 1 日《民法典》生效后，这六种遗嘱订立方式不再区分效力高低，只要是真实合法有效地表达订立人的意愿即可。

公证遗嘱是指由遗嘱人经公证机构办理的遗嘱。办理遗嘱公证，一般情况下要求立遗嘱人亲自到公证机关办理，如果立遗嘱人自身行动不便或有其他特殊原因不能亲自到公证机关办理遗嘱公证，则可以申请公证机关派公证员上门办理遗嘱公证。当然，公证机关是不会帮助您厘清财产和确定如何进行财产分配的，需要您提前准备好了再去办理公证。您可以请律师协助清理资产及按您的意志拟定遗嘱稿，再前往公证处公证。但值得注意的是，公证遗嘱对立遗嘱人的民事行为能力要求也很高。因此，实践中不少高年龄、体弱多病的立遗嘱人看似与正常人无差异，但精神状态与智力方面已不属于完全民事行为能力人，即使进行了遗嘱公证，后续仍可能被认定为无民事行为能力或限制民事行为能力，影响公证遗嘱的效力。

自书遗嘱，顾名思义，即立遗嘱人自己书写的遗嘱，自书遗嘱一般不需要见证人在场见证，只要符合法律规定的要件即具有法律效力，但有见证人的话，在出现遗嘱真实性争议时可作为证人。在自书遗嘱中，应尽量简单明了地表达自己身份、遗嘱内容（财产名称、数量、分配方案等）与订立遗嘱时间、地点等内容。需特别注意的是，为了避免未来对遗嘱真实性的质疑，自书遗嘱最好由立遗嘱人全文亲笔书写并签名，注明立遗嘱的年、月、日；如果是打印文件，则必须每一页都签名且注明立遗嘱的年、月、日。

代书遗嘱、打印遗嘱、以录音录像形式立的遗嘱、口头遗嘱都是适用于立遗嘱人本人确实无法亲自书写遗嘱的情况，在提前准备遗嘱以起到“有备无患”的情况下是用不上的。这几种模式中均必须有两个以上见证人，口头遗嘱只有在紧急情况下才生效。

在选择见证人时需要格外慎重，继承人、受遗赠人本人以及相关利害关系人（包括继承人、受遗赠人的债权人、债务人、共同经营的合伙人）均不能作为见证人，所以应尽量避免选择继承人、受遗赠人的朋友、亲属等作为见证人，以防代书遗嘱归于无效。同样，见证人也不能是无民事行为能力人或限制民事行为能力人。当然，可以选择专业律师作为见证人，不仅可规避见证人瑕疵问题，同时经过专业律师的草拟、代笔，可最大程度地避免遗嘱内容表达不清、歧义的问题，加强遗嘱的效力。

值得关注的是，根据《民法典》继承编第一千一百四十二条的规定，"遗嘱人可以撤回、变更自己所立的遗嘱。立遗嘱后，遗嘱人实施与遗嘱内容相反的民事法律行为的，视为对遗嘱相关内容的撤回。立有数份遗嘱，内容相抵触的，以最后的遗嘱为准"。也就是说，被继承人可以随时按照本人的意愿变更遗嘱内容而无须经过严格的公证程序。遗嘱变更的自由度上升不可避免地会增加其不确定性，也更容易引发遗嘱相关纠纷。

五、遗嘱的局限性

王董事长：

大致明白了，那如果我通过你们专业人士订立遗嘱并公证，是不是我最期望的企业传承和家庭安宁就能顺利保障了？

财富守卫律师组：

对不起，还不能这么说。正如最开始提及的，遗嘱仅是为了避免"什么都没有准备的情况下发生极端意外"而采用的最快捷简便的"保底措施"。但要做好像您这样高净值人士的家族财富传承，是需要综合利用金融工具和法律工具的复杂系统性工程。遗嘱虽然能解决一些问题，但其局限性还是明显的。

第一，遗嘱只能解决立遗嘱人在去世后其留下来的个人财产的归属问题，如果立遗嘱人发生未危及生命但导致较严重失能的情况下，遗嘱并不会生效，而立遗嘱人又缺乏实际掌控局面的能力，还是可能造成企业与家族安宁难以维护的"空窗"状态。

第二,遗嘱无法解决实际执行过程中财产的传递、管理、企业安排等问题。例如,企业家可以通过一份遗嘱将其个人所有的家族财产传承给其继承人,但无法仅通过遗嘱来完全保证继承人能掌控或管理家族企业,权利交接期可能被其他的实际控制人阻碍而无法达到遗嘱中的安排。

第三,遗嘱仅能做到分配遗产的所有权归属,不能起到诸如隔离立遗嘱人的个人债务风险、合规避税等功能、确保财产的完整性等作用,而这些在家族财富传承中是必须考虑的。特别是如果资产位于遗产税较高的国家,或者未来中国遗产税开征,通过遗嘱进行财富传承的成本可能非常高。

第四,遗嘱订立的专业性较强,极易产生效力瑕疵问题。在没有向专业人士咨询或求助的情况下,想当然地写一份遗嘱极可能因不符合法定要件导致遗嘱最终无效,无法按照立遗嘱人的意思来分配财产,可能造成家族成员间的矛盾,甚至对簿公堂。

所以,对于您这样的高净值人士、企业主,我们建议订立遗嘱一定要与专业律师详细沟通并由专业律师起草。为了遗嘱执行能最大化体现立遗嘱人的意志,建议在遗嘱中即明确指定专业律师作为“遗产管理人”或者依法设立“遗嘱信托”①。并且可以进一步借助律师、专业财富管理机构等专业力量,以金融手段及专业的股权传承安排来保障企业传承及家族利益最大化。

① 《民法典》第一千一百三十三条第四款规定,自然人可以依法设立遗嘱信托。

六、敲黑板，画重点

1. 意外和明天哪一个会先到来，是一个无解的问题，有备才无患。随着财富的积累，家业的壮大，企业主应趁一切尽在掌控之时，对家族财富和家族企业进行安排与规划，避免在神昏力衰、体弱无力时才开始启动，届时极易受到操控从而作出违背自己意愿或者不合理的安排。

2. 立遗嘱人资产的厘清是订立有效遗嘱的一大前提，对于高净值人士，尤其是企业主来说，该项工作可能非常繁杂，且牵涉很多专业判断，需要引入专业的法律、财务人士处理。除订立遗嘱之外，建议委任专业律师作为“遗产管理人”，以专业力量保障立遗嘱人的意志被最大化实现。

3. 立遗嘱应当符合法律规定的相关要件。司法实践中不少遗产纠纷是因遗嘱不规范引起的，大量遗嘱因效力问题而得不到认可。加之《民法典》中已经不再规定公证遗嘱的效力优先，遗嘱纠纷发生的可能性实质上是提高了。所以，在订立遗嘱时建议寻求专业律师的帮助，对遗嘱的传承方案及遗嘱本身的合法性做合理的把控。

4. 企业传承和家族财富传承都需要非常精密的系统性筹划，这离不开专业人士的帮助。根据实际情况综合利用多种法律手段、金融工具和传承安排，才能顺利实现目的。

家族财富传承需要大智慧，传承的成败取决于传承意识、传承方式以及家族、企业文化等因素。立遗嘱人在订立遗嘱时需要充分考虑风险和变数，平衡考量各个方面，才能保证家族的长远利益最大化。

第三篇

家族信托

——功能强大的藏宝洞

3

第一章　解密家族信托

在G律师事务所“财富守卫律师组”的帮助下，W集团的王董事长订立了一份能基本体现其筹划安排的遗嘱，但正如财富守卫律师组告知的一样，在为订立遗嘱而与律师进行探讨及财产梳理中，王董事长越发感到需要更加强大的法律及金融工具来完成其对财产规划、风险隔离、家族治理等方面的设想。王董事长也从有比较紧密合作的金融机构工作人员处听说了“家族信托”，但仍不甚明了，于是再次找到了“财富守卫律师组”寻求专业意见。

一、家族信托是什么

王董事长：

前阵子，长期为我提供服务的银行经理向我推荐加入他们银行的“家族信托”服务计划，我也没太仔细听，以为又是推销某种理财产品而已。前几天又有朋友跟我谈到这个话题，但毕竟不是专业人士，道听途说的东西居多，不过听上去功能很是强大，所以想到找你们咨询一下，到底这个“家族信托”是什么。毕竟你们是专业人士，也没有理财产品要推销，我认为你们的意见会更中肯。

财富守卫律师组：

感谢您的信赖。首先，从信托业的渊源来看，信托制度在英国创立之初即是以家族信托这样的形态存在的，这也是国内外信托行业的本源业务，其在财富安全、财富传承、税务筹划、隐私保护等方面都具有很大优势。其次，就中国境内来看，2001 年颁布的《信托法》并未单独界定"家族信托"，但其确立的"信托财产独立"原则也是家族信托的设立基础。2018 年银保监会下发的《信托部关于加强规范资产管理业务过渡期内信托监管工作的通知》（以下简称 37 号文）则明确提出了家族信托及其设立的基本原则，可以说为家族信托在中国的蓬勃发展奠定了基础。

根据 37 号文的定义，家族信托是指信托公司接受单一个人或者家庭的委托，以家庭财富的保护、传承和管理为主要信托目的，提供财产规划、风险隔离、资产配置、子女教育、家族治理、公益（慈善）事业等定制化事务管理和金融服务的信托业务。可以说，家族信托的本质就是委托人将家族资产转移给受托人，受托人作为家族资产法律上的所有权人对该家族资产进行管理，并按照与委托人签订的《信托合同》的约定将家族资产及其收益分配给受益人的一种以金融手段为载体的法律行为。

综上所述，就您的情况来说，我们认为设立家族信托确实是一个非常值得认真考虑的选择。

二、家族信托与信托理财产品的区别

王董事长：

对我来说，最大的困惑点在于这个“家族信托”跟我们很熟悉的信托理财产品到底有什么区别呢？

财富守卫律师组：

您提到的疑问可能也是大多数人刚接触到家族信托概念时的共同困惑。从投资目的、信托财产、受益人、进入门槛这四个方面来看，家族信托与传统的信托理财产品都是不一样的。

首先，从投资目的来看，设立家族信托主要是为了实现家族财富的管理与传承的意愿。而购买信托理财产品单纯是为了获取投资收益。

其次，从信托财产来看，家族信托的信托财产并不仅限于资金，也可以是不动产、股权等其他法律许可的财产。因为家族客户用作传承的资产绝不仅仅是现金资产，而是包括家族企业股权、不动产、古董艺术品等动产及其他财产在内的多类型资产组合，其主要满足的是家族客户多类型资产的传承目的。在信托理财产品中，投资人交付的财产的形式都是资金，其获得的收益也是通过资金的方式获取，投资者看重的也是获取资金收益。

三、家族信托的要素

王董事长：

这个家族信托要怎么设立呢？能不能整体介绍一下，好让我有个概念。

财富守卫律师组：

家族信托是一种信托机构受个人或家族的委托，代为管理、处置家庭财产的财产管理方式，以实现富人的财富规划及传承目标。通过一系列的法律文件安排及对应的交易，能实现资产的所有权与收益权相分离，即富人一旦把资产委托给信托公司打理，该资产从法律上看所有权就不再归他本人，但相应的收益依然是根据他的意愿收取和分配。这样一来，哪怕家族信托的委托人离婚分家产、意外死亡或被人追债，这部分资产都将独立存在，不受影响。

为了达到前述目的，家族信托中至少存在信托委托人、信托受托人和信托受益人这三个要素。如果您出资设立家族信托，您就是信托委托人，即以自己的财产来设立信托的一方。而您所指定的信托机构则是信托受托人，即受托管理信托中财产的管家。一旦设立家族信托，财产所有权会转移到受托人。信托受益人则是按照信托法律文件的约定享有信托财产权利的一方，可以包括信托委托人在内也可以不包括，但如果信托受益人只有信托委托人，则可能损害信托财产的独立性，设立家族信托时应尤其注意该问题。

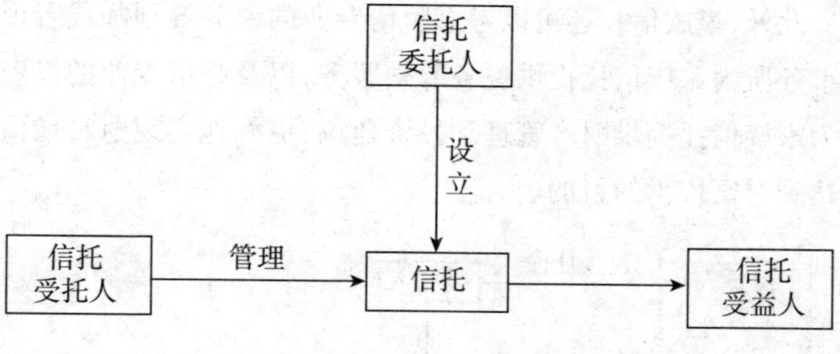

图4 家族信托基础要素结构

前述是一个家族信托成立所需要的最简单、最基础的要素，实践中为了让家族信托能切实发挥信托委托人所期望的效用，符合信托委托人的意愿设立、存续且向信托受益人支付收益，往往还需要为家族信托设置信托保护人和信托托管人。我国信托法和慈善法中的监督人的职责侧重对受益人的利益加以保护以及公益目的的实现，而在家族信托中设置保护人的主要目的是贯彻委托人的意愿和对受益人进行保护，对信托受托人形成有效监督和权力制衡。按《信托法》的规定，公益信托必须要设置信托监督人，目的是维护受益人利益。在家族信托中，委托人可以直接赋予保护人对信托实施的监督权，即在信托存续期内和信托终止后的清算期间内，对受托人执行委托人指令、分配信托利益、核算信托财产、清算信托财产等信托事务处理情况进行监督，甚至在必要情况下依照规定提请解任受托人、选任新受托人。而信托托管人则负责保管家族信托中的所有财产和向信托受益人按照信托合同进行资金划付。考虑到信托保护人需要具备相当的风险识别和把控能力，由具备信托专业知识技能的律师担任是很好的选择。

此外，家族信托还可以考虑聘请专业的税务筹划师或者税务师事务所为家族信托提供税务筹划服务，以及聘请专业的投资顾问为家族信托提供财产管理和投资建议，更好地实现财富增值保值达到财富传承的目的。

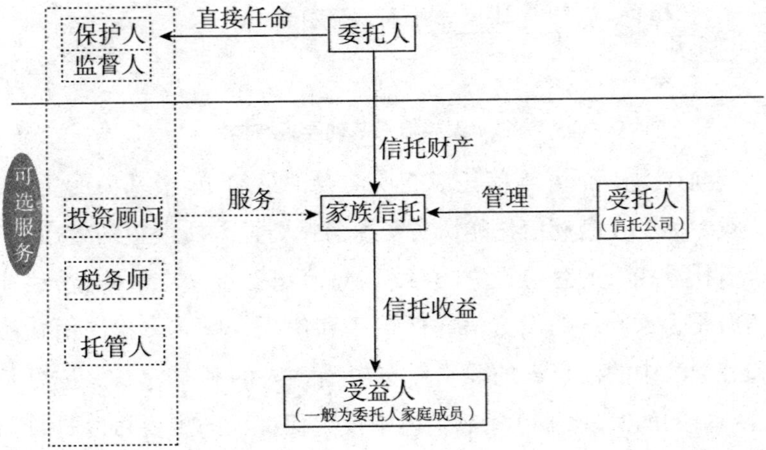

图5　家族信托要素结构

家族信托最核心的要素，我们认为是合理的信托架构设计。想要信托委托人的信托财产得到最好的保护，需要一整套严密的信托架构设计来让信托受托人、保护人、投资顾问、税务顾问各司其职地服好务，让信托受益人获得最大化的利益，让家族信托按照事先约定的合同条款“自动驾驶”。虽然目前国内家族信托还没有形成判例，但信托架构设计的核心目标除了满足信托委托人对于风险隔离、资产配置、子女教育、家族治理、公益（慈善）事业等要求外，更是要确保家族信托财产权的真实转移，最大限度地保证家族信托的有效性。从国际经验来看，委托人保留权力的信托可能会损害信托的资产保护功能，甚至可能被视为“恶意信托”，被判无效。

鉴于家族信托本质上是由一系列法律文件形成的法律架构，您在考虑设立家族信托时，应该第一时间引入专业律师与您一同就信托目标设置、信托资产剥离等进行探讨，并就信托机构进行选择评估，方可能设立最优的信托架构，实现您的信托目标。

四、家族信托的主要功能

通过财富守卫律师组的介绍，王董事长对家族信托到底是什么有了大致了解。接下来，针对其最为关心的问题，王董事长又进一步咨询了家族信托的具体功能实现路径。

（一）风险隔离

王董事长：

想必你们也知道，我们民营企业家面临的各种不确定性是非常多的，哪怕生意做得再大，都有可能因为市场竞争、产品迭代、市场环境变化等因素陷入困境，尤其是为了发展进行的新项目投资，往往可能带来巨大的风险，但不革新又会被市场淘汰。巨大的市场压力让我们如履薄冰，如果能有一部分资产与自己的企业，乃至自身相隔离，为家人及自己留个保障，甚至是生意出问题时能有资金东山再起，可以说是我们民营企业家的共同心愿。通过家族信托，有可能做到吗？

财富守卫律师组：

对资产进行风险隔离，应该说是家族信托的核心功能，也是家族信托的基础性功能。前面我们已经提到过，家族信托一旦成立，信托资产就成为独立于信托委托人的自有财产了。虽然我国《信托法》并没有就信托资产的权属进行明确界定，但业界一直在进行研究，目前来看主要有以下四种观点：一是认为信托财产的所有权属于受益人。二是双重所有权说，认为受托人是信托财产的名义所有人，委托人或者受益人是信托财产的实际所有人。三是认为只有受托人才享有信托财产的所有权，受益人享有的是向受托人索取收益的债权。四是认为在信托财产分配的条件成就前，所有权归受托人，而在信托财产分配的条件成就后，所有权归委托人或者受益人。但不难看出，各学说都认为信托成立后，委托人不再是信托财产的所有权人，信托财产的所有权发生了移转。

所以，只要纳入家族信托的资产确实属于信托委托人的合法财产，且在设立信托时其上不存在其他限制性权利，如对债权人的担保等，家族信托设立成功后，这部分财产就与信托委托人，也就是原财产所有权人的风险隔离了。基于风险隔离的考虑，可以您本人为委托人，以需要您抚养、支持的亲人为受益人设立信托，给亲人的受益年金足以供养包括自己在内的全部家人需求。资产合法转移到家族信托之后，哪怕您生意出现波折，面临个人债务，债权人也无法向信托受益人提出偿债要求，那么您在事业发展上就无后顾之忧了。

（二）稳定企业股权结构

王董事长：

我的第二个担忧还是家族企业传承。之前沟通遗嘱的时候也给你们提到过我的家庭情况和集团情况，我是希望能够有某种安排，让我未来做企业传承交接时对企业本身的影响尽量减少。

财富守卫律师组：

您提到的这个问题，我们的理解是希望企业控制权交接转移的时候尽量减轻对企业的影响，那么，通过家族信托也是可以做到的，很多富豪"先试先行"地选择家族信托，也是基于稳定企业股权结构的考虑。具体怎么做必须具体问题具体分析，每家企业的情况都不一样。

（三）财富灵活传承

王董事长：

之前在与你们沟通遗嘱的时候你们也提到了遗嘱的诸多局限性，比如只能安排身后事、一次性分配等问题。除了刚才提到的通过家族信托来实现公司控制权与股权收益权分离之外，家族信托较之遗嘱在财富传承方面还有哪些好处呢？

财富守卫律师组：

家族信托较之遗嘱其灵活性及功能是有很大提升的。首先，家族信托不仅能够规划身后事，在信托委托人的有生之年也是可以按照经委托人认可的信托架构顺利运行的，这样可以避免在委托人无法按自己意愿行事但又没有死亡的极端情况下产生家族财富传承失控。其次，则是刚才提到过的家族信托风险隔离功能。一旦家族信托合法成立，即与信托委托人自身的债务风险隔离了。所以，在保障家族财富传承上，家族信托较之遗嘱具有更为全面的“托底”性。

同时，家族信托的灵活性在财富传承上也非常有价值。家族信托的本质是一系列法律文件形成的财富管理架构，设立的时候就是根据信托委托人的实际情况和具体需求来设置的，在信托设立之后，信托委托人也可以较为方便地通过调整法律文件来改变信托的期限、收益分配条件、分配方式、财产处置方式等，即家族信托的个性化定制模式，始终可以保障信托资产始终按照委托人的意愿进行分配。这就给了信托委托人更大的空间来平衡信托受益人之间的利益，考察信托受益人是否满足期望，防止一次性大额分配后受益人挥霍财产。此外，信托委托人还可以要求受益人必须满足一定条件方能获得受益权来长期规范、制约受益人的行为。因为有了家族信托，哪怕在委托人去世之后，受托人也要忠实履行家族信托方案要求，将家族信托财产按约定进行管理或分配，从而达到财富代际传承的目的。

此外，家族信托还具备较好的保密性，可以做到不同受益人之间不知道彼此的利益，从而避免因“不均”带来的猜忌和矛盾。家族信托的隐私保护制度会全面覆盖家族信托的委托人信息、财产信息、受益人信息、受益权分配、受益账户信息等方方面面，家族信托设立以后，受托人将以自己的名义进行信托财产的持有和管理，除非法律有特殊规定，不得向任何人透露。在一些国家或地区设立的家族信托中，甚至会出现即使是出于司法需要，受托人也可以选择不公开信托情况，信托的保密性优势由此可见一斑。

当然，设立和维护家族信托都会产生一定的费用，所以，需要根据具体情况进行分析判断可行性和必要性。

第二章　境外设立家族信托介绍

通过G律师事务所财富守卫专业律师的介绍，王董事长对“家族信托”有了一定了解，自己也通过网络途径搜索了一些相关资料，但网络信息大多是境外信托的设立中介发送的广告性质的粗浅介绍，并没有对不同国家设立家族信托的特点进行区分。因此，王董事长再次约见了财富守卫律师组律师，希望能获得更有针对性的建议。

一、中国香港地区、新加坡、英属维尔京群岛（简称BVI）家族信托

王董事长：

你们给我介绍家族信托的基本知识后，我自己也上网查询了一下，信息比较杂。但我感觉网上代理机构比较多推荐的是在中国香港地区、新加坡设立信托，而案例里面很多人还选择了在BVI设立信托或信托的某部分架构。能否给我讲讲中国香港地区、新加坡和BVI信托的特点呢？谢谢。

财富守卫律师组：

鉴于信托架构一般比较复杂，而且天然具备一定的保密性，所以中国内地人士到底最热衷于选择境外的哪个市场设立家族信托目前并没有官方统计数据。不过正如您所言，从实务经验来看，确实关注中国香港地区、新加坡信托的人比较多，我们认为这主要是中国香港地区、新加坡都是金融业发达、法治健全的国际金融中心，并且与中国内地地缘相近、文化语言相通、经济往来频繁，对于有意设立家族信托的中国内地人士具有较强的吸引力。我们也认为，中国香港地区和新加坡从从资产管理效率和操作方便的角度看，是有意设立家族信托的中国内地人士的不错选择。

中国香港地区、新加坡和 BVI 三地的信托法都基于普通法系建立，其中 BVI 信托法的灵活性最强。在 BVI 信托法下，委托人把资产交给受托人后，是可以担任 BVI 控股公司董事的，这样委托人设立家族信托后仍然可以灵活管理资产。能够在享有相当的资产独立性的同时，自己还能更自主、自由地控制放入信托的资产，是很多中国客户偏好 BVI 信托构架的原因。中国香港地区信托法和新加坡信托法都不允许委托人直接管理自己的资产，而必须由受托人（信托公司）担任控股公司董事，相对来说更严谨。但我们必须正视的是，信托的本质是法律架构，其灵活性越高，相对来说安全性会下降，所以，从资产安全性角度考虑，我们认为中国香港地区、新加坡信托更具优势。

对高净值人士而言，选择在境外设立家族信托，往往关注更多的是财富保值，资产安全，以及股权架构稳定、子女教育等家族信托附加功能。而中国香港地区、新加坡的国际金融中心特质、完善的法治体系和发达的经济社会发展水平，能更好地满足有意设立家族信托人士的期望。下面我们再分别为您分析一下三地的异同：

中国香港地区的法律体系完善，奉行自由市场经济，金融市场规则发育成熟，并且家庭及土地使用权相关领域在英式普通法的基础上较多融合了中国的习惯法，在信托事务上又遵从《海牙公约》，因此，在中国香港地区设立信托的法治基础完善且透明度、国际化程度高。而且从税收的角度看，中国香港地区已根据经济合作与发展组织（以下简称经合组织）的准则推行大部分国家认可的税制，且在经合组织的白名单内，并和超过 30 个税收管辖区签订税收协定，避免双重征税。此外，中国香港地区不征收资本利得税，在计算其他所得税时也采用属地制，即只计算中国香港地区本地取得收入的所得税，税率上在全世界范围内也处于较低水平。此外，在遗产继承上，中国香港地区及外籍人士均无须缴纳遗产税，这对于高净值人士来说无疑是很有吸引力的。

新加坡作为国际金融中心之一，设立家族信托地的比较优势则在于其非常稳定的政治及经济社会环境，以及透明完善的法律制度和成熟的信托运作体系与监管制度。在信托隐私保护上，新加坡也有很严密的制度及操作规范，当然，在加入 CRS① 后新加坡的资产保密体系也受到了一定挑战，但为了维护其国际金融中

① 共同申报准则（Common Reporting Standard，CRS），又称"统一报告标准"。由经济合作与发展组织提出，用于指导参与的各司法管辖区间定期对税收居民金融账户信息进行交换，旨在通过加强全球税收合作提高税收透明度，打击利用跨境金融账户逃避税行为。

心和自由贸易港的地位，新加坡当局也采取了一些措施来在满足CRS基本要求的前提下尽量维护信托委托人的隐私保护。此外，新加坡的信托法支持设立“永久信托”，可实现“代代相传”，而目前大多数国家和地区的信托是要求有年限的，虽然一般可以长达几十年。税收方面，新加坡也与全球的主要国家都签订了避免双重税收协定，对协定国家的居民取得或有权享有的源于新加坡的收入都避免双重征税。新加坡同样不征收资本利得税，信托金融资产收益无须纳税，信托资产分配给受益人也无须纳税。此外，新加坡也不征收遗产税、赠与税。对于信托基金，新加坡还制订了很多税收优惠方案，如信托基金奖励计划、离岸基金奖励计划、居民基金奖励计划以及增强基金奖励计划等。

而BVI作为著名的“离岸投资中心”，在BVI注册的公司，没有任何税收，不需要审计、不需要披露财务报表，且具有一定的股东保密性，公司股权转让手续也很简单，因此多被真正的信托资产所有人选用来设立作为家族信托名义委托人“空壳公司”的注册地，以增强信托结构的灵活性和保密性。

二、美国家族信托

王董事长：

在美国设立家族信托有什么特点呢？毕竟美国是当前世界上最发达的国家，我也看到网上有不少推荐在美国设立信托的中介信息。

财富守卫律师组：

在我们看来，在美国设立家族信托与在其他国家或地区相比，最大的特殊性在于其是一个"异质性的市场"，即在信托相关的公司法、资产保护法、税法等方面，各个州拥有各自的法律规定和要求，而这些州层面的法律规定又是被其他各州和美国作为一个整体的联邦法律体系承认的。在包括中国以及刚才介绍过的中国香港地区、新加坡等世界上大多数国家和地区，在一国或一个地区内的法律体系都是统一的，是"同质市场"。比如，设立家族信托时通常需要考虑的公司所得税问题，信托架构中所需要的SPV公司如果设立在德克萨斯州、俄亥俄州等是没有公司所得税的，但如果设立在咱们中国人更为熟悉的加利福尼亚州或纽约，则需要承担公司所得税成本。而从保密性的角度来看，美国的大多数州支持因司法或税收需要而"穿透"至公司的实际控制人，但特拉华州却不支持"穿透"在该州设立的公司，从而为投资人提供了更高的保密性。这样"异质性市场"的特质给在美国设立家族信托提供了一定的法律监管套利空间，但也导致设立家族信托牵涉的法律问题更为复杂，若没有高水平的专业律师进行信托设计的话，将往往会导致家族信托无法达到委托人的期望，委托人还将背负很高的费用。所以，如希望在美国设立家族信托，找对专业的机构帮助设计信托架构是第一要务。

美国非常强调信托本身是法律构造，对于受托人的主体资格没有特殊要求，任何具有持有财产的法律能力的主体都可以成为受托人，无论是法人还是自然人。信托的回报率取决于信托内资产的回报率，信托资产多由专业机构打理。信托在设立时，必须由美国具有相应执照的律师进行制作及申请，一旦信托设立成功，将获得美国税务机构的相应注册号码（EIN），作为美国资产对待，受到法律的监督保护，当然，也需承担作为美国资产或法人机构应承担的税负义务并接受监管。此外，一旦信托设立，委托人只能通过信托文件为自己保留权利。例如，如果委托人希望为自己保留终身权益或者其他变更或者撤回信托的权利，必须记载于信托文件中。但需要注意的是，委托人保留的任何利益，如“终生收益受益权”（a right to interest for life），都是可以用来清偿其自身的债务或者被其债权人强制执行。

美国法律规定，信托委托人只能将其合法持有的财产或财产权利委托给信托受托人管理和处置，委托人以非法财产设立信托，则信托无效，信托资金依然可被追溯，不能实现资产保护的作用。而且金融机构作为受托人如果接受了非法资产资产作为信托资产，可能违反了反洗钱义务，面临严厉的处罚，因此在美国以金融机构作为受托人的信托，委托人可能面临非常严格的资产来源合法性调查。这导致很多在美国设立的信托是以个人作为信托受托人的，据有关统计数据显示超过了总数量的70%，而该种方式是否能被中国内地人士接受，还有待研究。

从税收方面来看，在美国设立信托，税负一般来说相对较高。在美国，针对信托征收的税种主要包括遗产税、赠与税和所得税。虽然不可变更信托具有避免遗产税的作用，但是不能完全避免赠与税和所得税。例如，把资产转移至不可变更信托时，资产所有权发生转变，委托人需要缴纳赠与税，信托内资产产生收益时，还需要缴纳所得税。另外，在设立信托前，委托人首先需要明确自己的税务身份，因为不同税务身份的人面临的税务征收情况不同，能够享受的信托优势自然也不一样，需要具体客户具体设计。比如，美国税务居民和非美国税务居民享有的遗产税的终身免税额度不一样。

当然，在美国设立家族信托可能因为各州的法律规定不同而获得“监管套利”，尤其是部分州具有禁止“穿透”实际控制人的规定，提供了更高保密性的可能，这对很多高净值人士来说还是有独特吸引力的。所以，如果有意向在美国设立家族信托，选好包括律师在内的专业服务机构是非常必要的，可以帮助当事人避免美国各州间复杂交错的信托相关法律规定带来的困扰，而将其优势最大化发挥。

三、瑞士家族信托

王董事长：

瑞士银行很有名气，据说全世界的有钱人都喜欢把钱往瑞士放。在瑞士设立家族信托又是什么情况呢？

财富守卫律师组：

瑞士真正的现代信托业始于1930年前后。当时，瑞士6家大银行联合投资125万瑞士法郎，成立了国家投资公司。1938年几家主要银行又投资设立了投资信托公司。这两家信托投资公司于第二次世界大战后，设立了基金型证券投资信托和不动产投资信托。到20世纪70年代,其已成为瑞士投资信托的主要机构。

跟美国强调“信托”的核心是法律结构不同,瑞士信托更偏向于金融投资,通过在全球市场进行投资组合,以获取大量的投资收益。契约型投资基金是瑞士信托投资的主要形式,这与欧美多数国家以公司型投资基金为主要形式大为不同。此类投资基金契约有三方当事人:投资人、托管银行和基金管理公司。基金管理公司负责基金的运作事务,托管银行则负责保管基金募集而来的资金并监管基金管理公司的资金使用情况。托管银行和基金管理公司依契约规定,对投资人负有直接义务。根据瑞士的证券投资信托法律,证券投资信托基金在法律上为基金管理公司的财产,即基金管理公司是信托关系中的受托人,基金管理公司应本着全体受益人的利益,依照契约规定管理基金。当基金管理公司不能清偿时,证券投资信托基金应与管理公司分开,作为全体受益人资产而存在,不受基金管理公司债务情况的影响。从信托委托人,也就是基金投资人与基金管理公司之间关系来看,双方间存在契约关系,故虽然信托委托人对管理公司内部业务事项和基金的管理无影响力,但能请求受托人买回其受益凭证,这与我们所谈的“家族信托”还是有很大区别的。

当然,瑞士还是有很多家族财富办公室,瑞银等金融机构也在开展标准的家族信托服务,只是从“特色”角度来看,我们觉得瑞士的信托基金在国际金融市场上影响力更强。

四、敲黑板,画重点

1. 境外设立家族信托,对国人来说最核心的问题是要确保在境外拥有合法的大额资产。千万不要试图通过地下钱庄等非法途径转移资产到国外,否则将面临非常高的法律风险,甚至涉及刑事犯罪。而且,目前 CRS 已覆盖了全球 150 多个国家和地区,包括全球绝大多数的主要经济体,通过非法途径转移资产的风险非常高。

2. 中国香港地区、新加坡、美国都是目前中国内地的高净值人士比较中意的境外家族信托设立地,其中,美国的信托设立相关法律体系最为复杂。高净值人士在选择境外家族信托设立地时应当及早引入律师等专业人士帮助分析判断,根据具体的需求和资产分布情况来合理选择。

3. 境外设立家族信托涉及非常复杂的税法问题,各国对信托资产、信托委托人的隐私保护也有差异。考虑到设立家族信托的资金量巨大、期限长、手续相对复杂且会产生信托维持费用,高净值人士在行动之前应该多收集信息,多倾听专业人士意见,必要时可要求专业律师对拟选址的家族信托设立地的相关法律环境出具详细的尽调报告作为参考。

国际波谲云诡,境外资产配置面临多重风险。积极寻求全球专业助力,方能运筹帷握、决胜千里。

第三章　境内设立家族信托路径

考虑到自己的大部分财产是在境内，在经由 G 律师事务所财富守卫律师组介绍家族信托设立的境外基本情况后，王董事长萌生了在境内设立家族信托的想法。为了详细了解在境内设立家族信托的可行性，王董事长再次来到 G 律师事务所，向财富守卫律师组寻求专业支持。

一、境内设立家族信托的基本要求

王董事长：

听了你们对家族信托的介绍后，我自己也在网上查了一下资料，但感觉中国的机构开展该项业务还不太多。我们家的主要资产还是在境内，不知有没有办法在境内设立家族信托呢？

财富守卫律师组：

由于我国 2001 年颁布的《信托法》中没有明确提出“家族信托”的概念，加之经济发展和家族财富的积累水平限制，相比中国香港地区和其他国家，中国内地的家族信托确实起步较晚。2012年9月，由平安信托发布的"平安财富·鸿承世家系列单一万全资金信托"是境内第一个家族信托产品，产品存续期间50年，资金规模5000万元起。相较普通类型的集合信托，"鸿承世家"系列信托是根据委托人意愿特别定制的，资产配置方式和投资策略也是根据委托人的要求和风险承受能力进行灵活调整。在受益人设置及信托财产的分配上，"鸿承世家"系列信托允许设置其他受益人，可中途变更受益人，也可限制受益人权利。在信托利益分配上也可选择一次性分配、定期定量（比例）分配、不定期不定量分配、临时分配、附带条件分配等不同形式。可以说，该"鸿承世家"系列信托已经初步具备"家族信托"的特性。此后，招商银行私人银行部、中信信托等机构也分别推出了家族信托产品。

2018年8月银保监会下发的37号文则被视作境内"家族信托"业务全面展开的里程碑性文件。该文件中，官方首次明确了家族信托的概念，并对其发展表示大力支持。

家族信托财产金额或价值不低于1000万元，受益人应包括委托人在内的家庭成员，但委托人不得为唯一受益人。并且，单纯以追求信托财产保值增值为主要信托目的，具有专户理财性质和资产管理属性的信托业务不属于家族信托。

由于37号文系中国银行保险监督管理委员会信托监督管理部向各级银监局信托监管相关处室下发的规范性文件，因此，37号文将"家族信托"的受托人规定为"信托公司"，这是基于部门职责权限所致对《信托法》规定的受托人的缩小化限制。但从实务角度来看，无论从可操作性出发还是基于安全性的考虑，我们都建议由执牌信托机构作为境内设立的家族信托的受托人更为恰当。

37 号文将信托委托人界定为“个人或者家庭”，但“家庭”一词在中国法律法规中并未有明确定义。根据《民法典》婚姻家庭编中相关内容的规定，我们认为，家庭成员包括：配偶、父母、子女和其他共同生活的近亲属。继父、继母和受其抚养教育的继子女之间可以构成家庭关系，养父母和养子女之间可以构成家庭关系，但养子女和生父母之间的权利和义务，因收养关系的成立而消除。但 37 号文中的“家族信托是指信托公司接受单一个人或者家庭的委托……”的规定将“家庭”作为“委托人”，而《信托法》规定，委托人应当是具有完全民事行为能力的自然人、法人或者依法成立的其他组织。我国目前并没有按照法律规定登记并以“家庭”名义从事民事活动的组织。因此，在实际操作中，我们认为家族信托的委托人只能是个人，或某几个具有“家庭成员”关系的个人的集合。

根据 37 号文，家族信托在设置受益人时必须将信托委托人自己设置为受益人之一，但受益人不得只包含信托委托人自己，即必须有其他受益人，原则上应该包含有其他的家庭成员，以体现“家族信托”的特质。

37 号文还明确规定了家族信托并非专户理财性质的信托。这意味着简单搞个资产配置的理财性质的信托不能叫家族信托，明确了家族信托和资管产品、专户投资的区别，便防止了家族信托成为新的监管套利重灾区，同时也明确了家族信托不适用《关于规范金融机构资产管理业务的指导意见》的相关规定。

37 号文的正式出台为境内发展家族信托提供了明确的规范

指引，让境内的信托机构作为受托人设立家族信托有了较为明确的依据。所以，我们认为，境内的家族信托将迎来大的发展。

二、境内设立家族信托司法保障

王董事长：

其实，我作为民营企业主，拿出超过1000万元资产来设立家族信托的话，最大的愿望还是希望能够实现资产风险隔离，给家人和自己一个保障。这一点在境内设立家族信托有保障吗？

财富守卫律师组：

王董事长您放心，如之前沟通中所说，我国《信托法》为信托资产的独立性提供了明确的法律依据，只要合法财产被合法地转移至家族信托之后，便与原财产所有人，即信托委托人隔离了，不会受到信托委托人债务等的波及。

从2019年11月最高人民法院印发的《全国法院民商事审判工作会议纪要》（以下简称《九民纪要》）对信托财产保全的司法审判实务指引来看，已明确了信托财产在信托存续期间独立于委托人、受托人、受益人各自的财产。委托人将其财产委托给受托人进行管理，在信托依法设立后，该信托财产即独立于委托人未设立信托的其他固有财产。此外，受托人因信托而取得的信托财产也独立于受托人的固有财产。受益人只对信托财产享有信托受益权，信托财产并非受益人的财产。因此，当事人因其与委托人、受托人或者受益人之间的纠纷申请对存管银行或者信托公司专门账户中的信托资金采取保全措施的，除符合《信托法》第十七条规定①的情形外，人民法院不应当准许。已经采取保全措施的，存管银行或者信托公司能够提供证据证明该账户为信托账户的，应当立即解除保全措施。

所以，无论从法律规定上还是从实务操作来看，在境内设立家族信托，是可以实现资产风险隔离功效的。当然，如何合法、有效地设立，必须在专业律师的指导下进行，以避免资产的独立性受到损害。

三、境内设立家族信托实务

王董事长：

那么，现在在境内设立家族信托，实务中的情况是什么样的呢？

财富守卫律师组：

虽然家族信托在境内还处于新兴状态，但巨大的市场需求推

---

① 《信托法》第十七条规定，除因下列情形之一外，对信托财产不得强制执行：(一)设立信托前债权人已对该信托财产享有优先受偿的权利，并依法行使该权利的；(二)受托人处理信托事务所产生债务，债权人要求清偿该债务的；(三)信托财产本身应担负的税款；(四)法律规定的其他情形。对于违反前款规定而强制执行信托财产，委托人、受托人或者受益人有权向人民法院提出异议。

动着各个相关机构积极开拓该领域。从目前的情况来看，境内积极参与家族信托类业务的相关主体包括商业银行、信托公司、保险公司、第三方财富管理机构、律师事务所及会计师事务所。商业银行的私人银行部与信托公司的合作是当前境内家族信托业务的主流模式，中国银行、民生银行等各大银行都有较为成熟的操作模式。但家族信托的设立涉及客户渠道、投资管理、法律及税务等方方面面，一套完整的家族信托方案还需要律师事务所、会计事务所的参与。37 号文下发后，境内的家族信托业务正步入快速发展通道。

虽然 37 号文中规定的家族信托的门槛是不低于人民币 1000 万元的资产，但从目前的实践来看，境内家族信托设立的资金门槛通常在人民币 3000 万元以上。期限通常为十年至几十年，家族信托的受托机构和服务机构一般按照信托资产规模收取固定管理费，大约每年 1%，有些还约定了超额管理费，超额管理费占信托超额收益的 20% ~50% 不等。但 37 号文出台之后，据我们判断，进入该市场的信托机构和其他相关服务机构会增多，考虑到境内家族信托业务尚处于市场培育阶段，为了抢占市场资源，家族信托有望呈现资金门槛普惠化、信托期限短期化的特点。

我国《信托法》乃至 37 号文都未限制信托财产的类型，但受限于除现金外的其他资产转移至信托计划会产生税费，目前家族信托仍以资金信托为主。实务中不同类型的机构对信托财产也持不同态度，比如以商业银行为代表的资产管理型机构更青睐资金信托，主要源于其从事家族信托的主要利润来源为资产管理服务，资金信托可以给银行带来金融资产和稳定的中间业务收入。

此外，非资金信托短期利润较低，维护成本较高，专业管理人才缺乏。

信托公司则对非货币型资产持乐观态度，将非资金类家族信托作为业务创新的重要方向。一方面，信托公司在事务管理方面更具操作经验；另一方面，非货币资产是高净值客户家族财富的主要形式，客户对非资金类信托需求旺盛，目前非货币资产可以实现交易性过户，但成本相对较高。

从客户参与度来看，家族信托业务的资产管理模式主要有两种：全权委托模式和咨询顾问模式。全权委托模式，客户一旦作为信托委托人将信托资产交付信托受托人后，即全权委托信托受托人，按照事先约定投资框架代理客户进行投资和资产管理。该事先约定的投资框架一般也是在充分考虑信托委托人的个性化需求的基础上为委托人定制的资产管理方案，并通过“一揽子”的法律文件明确各方权利义务。在咨询顾问模式下，信托受托人更多是“事务型管理人”和“投资咨询顾问”的角色，信托委托人自主作出投资决策，但考虑到信托的独立性，往往由信托保护人承担下达交易指令给信托受托人的职责，信托受托人则负责实施交易操作并及时向客户报告。

所以，我们认为，目前在境内设立家族信托的市场条件是成熟的，如果有需要，可以大胆尝试，法律上、操作上都有较好的保障。

四、境内设立家族信托税务考量

王董事长：

从我自己在网上查阅的信息来看，好些人设立家族信托主要是基于税收考虑，当然，基本都是境外信托的案例。那么，在境内设立家族信托，税收方面有没有什么特别的地方吗？

财富守卫律师组：

鉴于世界上100多个国家和地区存在遗产税，所以确实很多设立境外信托的人士将信托作为财富传承中税务筹划的重要手段。但我国目前尚未设置遗产税，所以从目前情况来看，以境内资产在境内设立家族信托还不存在遗产税方面的问题。至于未来中国是否会征收遗产税，业界也存在不同的猜测：一方面，国家税务总局在各种场合均是以“暂不征收”来表态我国目前没有征收遗产税的状况，且中国版遗产税的征收方案在制订中的提法也多次见于官方媒体；另一方面，财政部官方网站信息显示，财政部在2017年对政协第十二届全国委员会第五次会议上提交的关于遗产税征收的正式回复中也明确表态中国开征遗产税可能导致资本外流、经济受损，并且废除遗产税也是当前世界上其他国家的一种趋势。所以，中国未来是否会开征遗产税还存在较大的不确定性，我们不建议您在考虑设立境内家族信托时过多考虑遗产税的影响。

当然，家族信托还涉及一些其他税收问题。从目前来看，如果将境内的现金放入信托，该放入环节是不产生税负的，但如果要把股权或者房产放进信托，则会被视为交易，涉及契税、印花税等税负成本。在信托财产对外投资环节，由于我国目前尚未就信托财产对外投资设立专门的征税标准，因此有可能会存在通过信托进行投资而被双重征税的问题。但该问题如何避免，确实需要具体问题具体分析筹划，而信托受益人在获取信托收益的时候自然会涉及个人所得税的问题。从目前的政策来看，信托受益人获得信托本金是否该交税这个问题目前还没有规定，但信托增值部分的收益分配是涉税的。

我们必须强调的是，由于家族信托的设立必然涉及资产转让和分配等多种问题，其对应的税负也只能具体问题具体分析，笼统的推算都是不够准确的。如果王董事长您确定要设立家族信托，需要律师、会计师、税务师协同工作才能确认您拟设立的家族信托会涉及的税负到底是多少。

五、敲黑板，画重点

1. 37 号文的下发为境内发展家族信托提供了明确的规范指引，让境内的信托机构作为受托人设立家族信托有了较为明确的依据。我们认为，境内的家族信托将迎来重大发展，而在各家机构培育市场期，有可能争取到对信托委托人来说更为优厚的家族信托设立及后续管理条件。

2. 境内已经存在较为成熟的家族信托操作模式，而且相关机构也可以依据信托委托人的需求来定制适合信托委托人自身情况的信托方案。

3. 鉴于中国是否开征遗产税还存在较大的不确定性,不建议将“规避遗产税”作为设立家族信托的主要考虑因素。

家族信托这一“舶来品”已经在中国生根发芽,及时了解市场信息,充分利用法律及金融工具,方能在家族财富管理与传承中占得先机。

第四章　家族信托法律风险防范

在对家族信托的概况以及境内外设立家族信托的基本情况有了整体了解后，出于成功企业家惯有的谨慎，王董事长又向G律师事务所的财富守卫律师组咨询了家族信托可能面临的法律风险，希望能对家族信托这一在国内尚属“新鲜事物”的法律金融复合体有更深入全面的了解。

考虑到王董事长的主要关注点在于如何保证设立家族信托能够实现“资产风险隔离”这一基础价值，财富守卫律师组从信托资产如何才具有“独立性”，以及什么样的资产才能放入信托这两个与家族信托安全性最为相关的方面向王董事提供了咨询。

一、信托财产独立性保障

王董事长：

之前你们向我介绍了家族信托的整体情况和可能带来的各种好处。但我相信任何财富管理的方法如果操作不当都可能带来风险，能否将家族信托的主要风险给我介绍一下呢？

财富守卫律师组：

好的。之前我们已经跟您介绍，家族信托的本质是以金融方式呈现了法律架构，所以，其本身最大的风险是在设立家族信托时考虑欠周，从而达不到设立家族信托的基本目的，即资产隔离保护。至于信托的收益如何，那是投资风险的范畴，而不是家族信托固有的风险。

设立家族信托的核心目的是建立一种资产风险隔离的保护安排，如果资产风险隔离失败，设立该信托花费的各种努力和金钱、时间就白白浪费了，甚至可能带来诉讼风险。因此，高净值人士在考虑设立家族信托，做资产风险隔离保护安排时，一定要想清楚，要做就必须确保符合资产风险隔离保护的逻辑和规则。家族信托之所以能产生“资产隔离保护”的功效，是源于“放入信托的资产就已经不是信托委托人的财产”的基本原则。所以，想要保护资产就必须严格遵守这一原则，严格限制委托人对放入信托资产的控制权。若委托人保留过多控制权，即使资产放于任何法律架构内，可能最终都会被法院认定为是“虚假信托”而被击穿。简单来说，“资产还是由我完全自由支配，装入某种架构就可以实现资产风险隔离”这样的想法是行不通的，比如轰动一时的“克里姆林宫的银行家”普加乔夫资产保护失败案①就是例子。

如何避免家族信托被认为是“纯形式上的信托”而丧失资产风险隔离的保护价值，我们认为主要是从两个方面考量。一是避

① 案件情况详见本书附件一“财富保卫相关案例”中“普加乔夫资产保护失败案”。

免“架空”信托受托人，二是凸显信托是为全部受益人的整体利益服务的。

避免“架空”信托受托人，就要求信托受托人可以按照信托文件的规定切实履行职权，信托受托人履行其审慎管理责任是信托有效的基石。一般来说，设立信托时委托人会设置信托保护人来作为自己的代言人，即通过信托保护人来对已经放入信托的资产施加控制。信托保护人由委托人自己担任，信托的一切决策都需要信托保护人同意，或者以其他方式严重剥夺信托受托人的决策权，甚至随便替换信托受托人，这些都容易导致在发生争议时法官认为信托是形式上的、虚假的，仅仅是被用来作为藏匿资产而避免被债权人追偿的工具。

要凸显信托是为全体受益人服务的，很重要的一点是要将信托对受益人利益保障的具体内容在构建家族信托的法律文件中清晰体现。另外，需要避免的是信托保护人的权利过于扩大化，尤其是应避免信托保护人能够随意更换受益人，或者将信托资金不受限制地向其他人分配。因为从信托历史悠久、制度发达的英国确立的信托要求来看，“三个确定”原则是信托真实成立的基础：“意图确定”，设立人有确定的设立信托的意图；“资产的确定”，哪些资产要放入信托是确定的；“受益人确定”，哪些人是信托的受益人必须确定。虽然中国的《信托法》中没有就此明文规定，但法官在案件审理中在没有国内法条明文规定的情况下，不排除适用相关国际性法理的可能。

所以，希望家族信托真正起到“资产风险隔离”的核心功能，同时又尽可能地体现信托委托人的意志，应充分利用信托设立的法律文件,在信托设立时即将投资的运行规则、受益人权利及变化规则、保护人的权利以及信托受托人的自由决策权等尽可能明确地约定进信托协议文件,降低"无规则干扰信托受托人决策权"的概率。当然,没有任何方案是一劳永逸的,需要把财富传承和资产保护作为一个持续跟进、维护和不断修正的过程。

二、信托财产被强制执行风险规避

王董事长:

我理解你们说的"资产风险隔离"就是通过信托来实现即便在信托设立者自己有负债且无法顺利清偿,在被债权人追债的情况下,债权人也无法要求执行已经依法转入信托的资产。那么,在信托合法设立,不存在你们刚才说的可能导致信托安排被认为无效的情况下,信托财产还有被强制执行的风险吗?

财富守卫律师组:

如之前已经给您介绍的,我国的《信托法》为信托资产的独立性提供了明确的法律依据,只要合法财产被合法地转移至家族信托之后,便与原财产所有人,即信托委托人隔离了,不会受到信托委托人债务等的波及。而《九民纪要》也已明确了信托财产在信托存续期间独立于委托人、受托人、受益人各自的财产,因此,当事人因其与委托人、受托人或者受益人之间的纠纷申请对存管银行或者信托公司专门账户中的信托资金采取保全措施的,一般来说人民法院不会支持。例外的情况是当符合《信托法》第十七条规定的情形时，已装入信托的资产仍可能成为“被执行财产”。《信托法》第十七条规定的情况共四种：(1)设立信托前债权人已对该信托财产享有优先受偿的权利，并依法行使该权利的；(2)受托人处理信托事务所产生债务，债权人要求清偿该债务的；(3)信托财产本身应担负的税款；(4)法律规定的其他情形。

其中第3项“信托财产本身应担负的税款”可被依法执行，我们认为非常好理解，毕竟信托本身也是法人纳税主体，如有税款拖欠，自然应从信托财产中支付。第2项“受托人处理信托事务所产生债务”可被依法执行也是同理，因为受托人是为了信托的利益处理信托事务，其作为代理人，代理行为的结果由被代理人承担，即受托人处理信托事务所产生的债务自然该由信托资产来支付。而第4项“法律规定的其他情形”是典型的兜底条款，是为了防止有未列出的疏漏，实际应用起来则需要具体问题具体分析了。

第1项我们觉得可能是容易困惑的地方，在这里详细解释一下。考虑到如果资产上设立有抵押权，未经抵押权人同意，资产是转移不到信托名下的，本项规定的“设立信托前债权人已对该信托财产享有优先受偿的权利”在现实中最常见的就是“财产所有权人已为某项未到期债务承担连带保证责任”这样的情况。举个例子，如果某企业在2020年3月向银行借了笔贷款，而该企业的实际控制人A先生按银行要求签署了为该笔贷款承担连带保证责任的《担保合同》，A先生又在2020年5月作为信托委托人设立了家族信托，那么当其企业2020年3月向银行借的这笔贷款到期不能清偿时，银行是有权利依法要求执行A先生已经于2020年5月转移入家族信托的资产的，哪怕该家族信托被认为是真实的信托。因为A先生在2020年3月时为其企业借款签署的《担保合同》隐含了以其全部资产为该笔贷款的清偿作为担保的意思，所以，哪怕没有在《担保合同》中列明A先生转移入信托的资产用来担保该笔贷款清偿，该笔资产上也应属于“设立信托前债权人已对该信托财产享有优先受偿的权利”的情况，担保债权人可以依法申请执行该已经转移入信托的资产。但是，如果该信托是设立在2020年3月的该笔贷款发生之前，那么银行就无权凭借《信托法》第十七条的规定和跟A现实签署的《担保合同》来申请法院执行该笔资产了。因为从法律上来看，A先生在签署该《担保合同》时已经不是该笔资产的所有权人了。换句话说，在这样的情况下，A先生通过设立信托实现了资产的风险隔离保护。

三、信托财产合规合法

王董事长：

看来要想让信托的独立有效性与可掌控性之间达成平衡，还是很考验信托法律文件设计的精巧程度的，而信托保护人的选任也很关键。刚才你们提到“放入信托的财产要确定”，到底什么样的财产可以放进信托呢？

财富守卫律师组：

拟转移进信托的资产，首先必须是“合法资产”，一般来说，机构信托受托人在接收信托资产转入信托前都需要对资产是否合法进行尽调。而且，该尽调是要求“实质重于形式”，即要求穿透审查资产来源的合法性。虽然严格来说只有公权力才有权去核实资金来源是否合法，信托公司很难穷尽所有情况，但至少在合同中对此项风险要作出预防性规范。从另一个层面来说，则需要信托委托人对资产的来源有合理合法的解释，毕竟设立家族信托的起步资金要求不低，根据 37 号文的要求在境内设立至少价值 1000 万元以上，而在境外设立往往门槛更高，以地缘较为相近的新加坡、中国香港地区为例，一般要求 300 万美元以上。如此大额的资产来源需要有合理的说明和证明也是需要有意向设立家族信托的高净值人士认真提前准备的，否则轻则设立家族信托的意愿落空，严重的情况下还有可能招致法律制裁，若委托人是国家工作人员还有可能涉嫌触犯刑法①。

在资金来源核查方面，信托公司在对资金来源进行实质审核时至少流程上会要求客户经理对所有相关材料进行收集和审核，

---

① 《刑法》第三百九十五条第一款规定：“国家工作人员的财产、支出明显超过合法收入，差额巨大的，可以责令该国家工作人员说明来源，不能说明来源的，差额部分以非法所得论，处五年以下有期徒刑或者拘役；差额特别巨大的，处五年以上十年以下有期徒刑。财产的差额部分予以追缴。”

第九十三条规定：“本法所称国家工作人员，是指国家机关中从事公务的人员。国有公司、企业、事业单位、人民团体中从事公务的人员和国家机关、国有公司、企业、事业单位委派到非国有公司、企业、事业单位、社会团体从事公务的人员，以及其他依照法律从事公务的人员，以国家工作人员论。”

同时还要进行全方位的网络查询复核，另外，对一些信托金额比较大的客户，根据不同的金额或者不同的财产来源可以设置一些不同的审批权限，需要具体情况具体分析。

另外，需要考虑的则是拟设立家族信托的高净值人士要提前准备拟转入信托的资产的完税证明。从我国内地现有实践来看要求还不算严格，只要资产来源合理合法，信托委托人的合法收入与拟设立信托的资产大致匹配，一般没有再单独要求提供该资产的详细完税情况，中国香港地区、新加坡也大致如此。但在美国设立家族信托，拟转入信托的资产的完税证明就需要更加严谨地准备了，尤其是由美国的金融机构担任信托受托人时，对资产的尽调是较为严格的，提前准备方能有备无患。

四、信托财产需权属清晰

王董事长：

确实是这样，在着手设立家族信托之前，如果不做好准备，不能清清楚楚地说明白那么多资产是合法获得且税务上没什么问题的，反而有可能给自己惹麻烦。那么，除了资产来源要合法外，在装资产时还需要重点考虑什么问题呢？

财富守卫律师组：

我们从工作经验中发现，凡是涉及资产处置、分配的事，如离婚、继承、赠与，乃至咱们现在谈论的家族信托，实务中最常见的错误是“把不是自己的东西当作自己的处置”,那么自然可能导致无用功,甚至还引起纠纷、官司。究其原因,是因为很多高净值人士,尤其企业家所拥有的财产比较复杂,可能涉及较多共有问题,以及企业资产和个人财富需要准确划分的问题。尤其是现金资产,企业家个人与家庭实际持有的资产到底属于其私人财产还是与公司财产没有明确的结论,是很普遍的情况。所以,在着手设立家族信托前,我们强烈建议有意向的高净值人士聘请律师、会计师对拟转入家族信托的资产进行调查摸排,弄清楚财产的具体情况,包括权属关系,价值确定(如涉及评估还需要引入专业的评估师),是否存在抵押、担保等限制性权利等。

公司资产与私人财产的理顺一般可以通过对账目清理来规范,该工作哪怕不涉及设立家族信托,我们也建议企业主们尽快着手做,因为“金税三期”上线后税务稽查的力度和有效性都大大提高,企业家私人财产和公司财产如果“公私不分”,潜在的税务风险是很高的,可能面临非常高的罚金,甚至承担刑事责任。

在财产共有的情况中最普遍也最不容易完全理清楚、划分断的就是夫妻共同财产。所以,如果是以夫妻一方为信托委托人的情况,便需要通过严谨的法律尽调来避免“一方擅自处分夫妻共同财产”的风险,从而避免未来信托有效性上发生争议,导致大量资源浪费。现实中一些信托公司会要求在财产转入信托之前必须拿到信托委托人的配偶同意将资产转入信托的函,但站在严格的法律风险防范角度,我们认为拿到所谓的“配偶同意函件”,其法律效力是有待商榷的。如果该配偶方是该部分拟放入资产的共同所有人，那么，将该部分资产转入信托，实质上是夫妻双方共同作为信托委托人来设立信托，一方只出具“同意函”其意思表示和当事人的法律地位都很模糊，有为日后纠纷埋下隐患的可能。如果信托委托人的配偶不是拟转入信托的财产的共同所有人，那出这个“同意函”是没有法律上的意义的，从另一方面来看，也不是夫妻一方自己出个“函”说自己不是某财产的所有权人，法律上就认定不是的，这样的“同意函”的存在，从法律角度来看反而隐藏了风险隐患。所以，我们建议需要以夫妻共同财产，或者说无法清晰判断是不是夫妻共同财产的资产来设立家族信托的，以夫妻双方为共同的信托委托人会比较稳妥。如果确实存在以夫妻一方作为信托委托人的情况，建议由专业律师对拟转入信托的资产情况进行尽职调查并出具法律意见书。

五、敲黑板，画重点

1. 家族信托的本质是一种定制化的金融解决方案，由一系列的法律文件来约定信托委托人、受托人、受益人，以及信托保护人、托管人、投资顾问、税务顾问等各方的权利义务，进而形成一种可“自动驾驶”的家族财富保护体系。

2. 家族信托与信托理财产品是完全不同的概念。家族信托承载着实现家族财富的管理与传承的复杂目的，而投资信托理财产品则是较为简单、单纯的投资获利方式。

3. 合理设立家族信托能实现强大的功能，比如资产风险隔离、企业治理结构优化、家族财富传承，甚至慈善功能等。

4. 基于家族信托的根基是一系列的法律文件，且期限长、金额大，如您计划设立家族信托，务必聘请专业的律师参与协助。

回归信托本源，助力财富传承，是家族信托的核心要义。

第四篇

“信息透明化时代”的财富安全边界

4

第一章　金税三期——中国进入税务透明时代

作为公司高管,杨女士几乎在每次的核心管理层会议上都会听到财务总监反复强调在不断严格的监管环境下企业财务合规、税务合规的重要性,甚至很多过去习以为常的“便利操作”也被叫停了,核心原因就是“金税三期”!听得多了,杨女士对这套新的全国性税收信息系统多少有一些了解,感觉其功能强大,而且与企业及个人的切身利益都密切相关,甚至继续按“惯例”操作而导致不符合当前的税务征稽要求而违法甚至犯罪。为了安全起见,杨女士约了 G 律师事务所的财富守卫律师组,希望能获取更多关于“金税三期”对个人及民营企业实际影响的咨询意见。

一、金税三期带来税务征稽改变

杨女士:

我在公司的高管会上多次听财务总监反复强调“金税三期”的厉害,感觉对我们每个人,每个企业都会产生很多影响。但毕竟零星听来的信息不够系统化，所以向你们咨询，避免自己在不知不觉中“违法”，而且我家老赵也是个创业企业主，我也想多给他提醒一下，免得出了问题不好办。

财富守卫律师组：

确实，金税三期上线可以说让中国步入了“税务透明时代”，对我们每个人都产生了深刻影响。所谓“金税三期”，指的是2016年10月在全国上线的“金税三期优化版”，该系统的上线为我国初步构建了一个覆盖各行各业、各级国税地税、全部税种、所有工作环节的全国性税收信息系统。金税三期的总体架构，业界一般用“一个平台、两级处理、三个覆盖、四个系统”来概括。

“一个平台”，是指包含网络硬件和基础软件的统一的技术基础平台；“两级处理”，是指依托统一的技术基础平台，逐步实现数据信息在国家税务总局和省级税务机关集中处理；“三个覆盖”，是指该系统应用上将逐步覆盖所有税种，覆盖所有工作环节，覆盖国地税全系统并与其他相关部门联网；“四个系统”，是指该系统通过业务重组、优化和规范，逐步形成一个以税收征管业务系统为主，包括行政管理、外部信息和决策支持在内的四个应用系统软件。①

相较于我国以前应用的税务征稽信息系统，金税三期的功能更加强大，运行更加顺畅，内容更加完备，流程更加合理。最具革命性的是实现国地税系统内部联网和与其他相关部门的联网，减

① 王芳芳、刘晓音：《国地税合并下税务管理研究》，载《商情》2018年第48期。

少数据利用的难度,使我国的税收征稽技术有了质的飞越。简单来说,金税三期主要有以下特点:

(一)税务管理数据化

传统税务管理,强调账簿和凭证管理,工作量巨大,效率低下。“账簿”是纳税人、扣缴义务人连续地记录其各种经济业务的账册或簿籍;凭证则是纳税人用来记录经济业务,明确经济责任,并据以登记账簿的书面证明。[①] 随着信息化、网络化技术的发展,金税三期在信息搜集、加工、处理上的能力大大提升,开启了税务数据化管理的新时代,同时也为税收管理从事前管理为主转换为事后监管为主奠定了坚实的信息基础。

(二)解决了国地税交叉管理的盲区问题

金税三期系统实现了征管信息大整合,尤其对纳税人涉税行为管理将会更加集中,且能实现全面税种监管。尤其是过去因为国地税征管分离和交叉管理而发生的“漏户”和由于归属权限不清而造成的“盲区”,将获得彻底的清理。

金税三期上线实现了国地税征管系统合并,实现了税务稽查无缝对接。

(三)追查历史账面数字比对

金税三期实现国地税稽查合并后的直接后果是系统中的税

---

① 该处对账簿的定义,参见段治平在《财政与税收》(清华大学出版社、北京交通大学出版社 2008 年版)中的定义。

务大数据储存信息将更加全面，透明。也就是说，有了金税三期系统，日常的监管纳税评估，以及纳税人的财务数字信息抓取和分析比对也会更加的精准、便捷。也就是说，所有涉税的数字分析比对随着金税三期带来的国地税稽查合并，将体现出更加强大的全面性和针对性。

（四）加大税收违法成本

2018 年 5 月 1 日金税三期再次升级之后，联合合并后的国地税管理系统将能够快速地对所有纳税人信息进行整合，加大了税收电子信息系统征管功能，强化了对纳税人全面涉税业务监控功能，全面提高了应对纳税人偷漏税等税收违法问题的技术手段。

而存在纳税违法行为的人员也将面临税务违法成本进一步增加的情况，处罚力度加大、法律责任追究更加容易。另外，就是将通过媒体公开税务违法者的信息，形成“一处失信、处处受限”的信用惩戒大网，“失信者寸步难行”也将成为现实。

二、企业财务暴露于阳光之下

杨女士：

听上去金税三期确实是一个覆盖面很广且功能强大的税务管理稽查信息系统。您也知道中小民营企业，尤其是创业企业，往往在财务上不怎么规范，所以我听说金税三期很厉害后一直都比较担心老赵他们公司，但又说不清楚。不知能否将金税三期上线后企业财税风险的关键点帮忙梳理一下呢？

财富守卫律师组：

像刚才介绍金税三期功能时我们已强调的，金税三期的强大之处在于其是一个全面整合国地税管理体系、全面覆盖各个税种且可以进行强大的数字信息收集和比对管理的系统。可以这样说，企业的任何财税相关事项都会在该系统留下记录，导致税务“灰色空间”几乎消失。

首先，金税三期的数据信息系统可实现通过企业纳税人识别号来追查同一税号下进项发票与销项发票，如此一来，企业是否虚开了增值税发票，以及是否存在购买假发票入账的行为，都将一目了然。此外，金税三期的数据信息系统还会追踪企业的资金流、票据流，从而精确地识别企业是否存在税务违法行为。

其次，同样基于其强大的数据信息系统，金税三期系统会定期或不定期对含企业在内的纳税人的纳税情况进行分析，一方面对因客观原因造成的少缴或补缴税款给予及时提醒，另一方面对故意少缴或者不缴税款的事实进行处罚，并纳入纳税人的诚信系统。所以，一定要提醒您先生敦促公司财务人员按时报税纳税。

金税三期的数据信息系统还能通过对企业现金流、发票流的监控而做到对企业业务状况了如指掌，不仅通过企业开具的发票知道企业发生了多少收入，也能通过发票知道企业发生了多少费用，多少是加油的、多少是办公的、多少是差旅的、多少是请客的、以及购买了多少固定资产、换过几辆车、买过几套办公室、搬过几次办公地点等信息，再通过对同行业类似规模企业情况的比对，就能知道您的企业大致应该产生多少利润，企业的保税是否合理。在金税三期之下，企业所得税也变得十分透明。

此外，金税三期系统更强大之处在于其可以支持税务、工商、社保、统计、银行等不同部门的接口连接，从而使税收、社保、公积金、银行账户等信息能通过金税三期系统而全面实现透明化。企业员工、薪酬、福利等相关信息互联互通，虚报工资已经没余地了，该系统为严格执行个人所得税和社保按照实际工资缴纳奠定了基础。另外，值得一提的是，金税三期系统下的开票软件已经增加了商品编码，为下一步企业开票的货物流监控也预留了接口。

三、金税三期高净值人士的影响

杨女士：

除了企业财务必须规范，不能再乱来或稀里糊涂外，金税三期对我们个人来说有哪些影响呢？

财富守卫律师组：

金税三期作为税收管理统一系统，其数据精确化、全面覆盖性对企业和个人来说都存在，也就是说，个人及私人财富面临的税务管理要求和税务违法风险也都更高了。但具体到金税三期对高净值人士的特殊影响来看，主要是让现行《个人所得税法》的执行力度更强且更精准。

现行《个人所得税法》的实施，使工薪阶层缴税人数和缴税金额都大幅度降低。但个人所得税作为国家财政收入的重要一环，这头放水,那头就得紧抓,对普通工薪阶层降税,对高收入和多种收入人群的税收征管就会加紧。高收入人群是纳税的重点关注对象,在全球都是这样。

影响最深远的改变,我们认为是金税三期会让“最了解您的是税务局”变成现实。自2019年以来,全国各地的税务局都实现了国地税两个系统合并,从而实现了税务信息的共享和互通融合。除此之外,税务机关已经联合各部门进行情报交换,并大力推广个税申报APP。

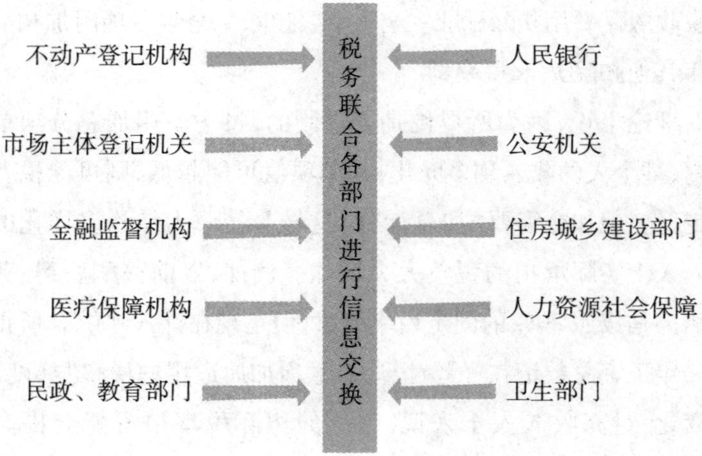

图6 涉及税务信息交换的部门

在金税三期的税收管理系统中,个人税收管理和企业纳税人管理两处打通,税务局可以快速地对所有纳税人信息进行整合对比,让收入无可遁形。此外,通过跨部门信息交换,税务机关的系统已经可以做到通过您的身份证号便能立即查出您在全国范围内的哪家企业任过职、是哪家企业的股东、是否当过法定代表人或财务负责人，以及在全国有几套房子，甚至小孩在哪儿上学，在哪家医院看过病，个人信息一览无余！

从税负的角度看，现行《个人所得税法》规定了工资薪金、劳务报酬、稿酬和特许权使用费这四项劳动性所得实行综合征税，这意味着，年底时，上述四项收入都会统一计入年综合所得，按照总收入量及共同的税率缴税。

综合所得=[（工资薪金×100%+劳务报酬全额×80%+稿酬所得全额×80%×70%+特许权使用费全额×80%）-（全年免税收入+费用扣除标准+全年专项扣除+全年专项附加扣除+全年其他扣除）]×税率

理论上说，因为所得税是累进制的，过去不用加总分项单独计算，某个人的收入越多元化，其单项值可能越低，则可能税费总额越低。但如今需要“加总计算”这样会使收入结构多样化的高收入人士实际承担的税负大大增加。例如，以前稿酬所得、劳务报酬都是按照20%的固定税率征收，但是现在计入年综合所得后会和年工资总数记在一起计算，总额增加后适用的税率“梯度”也会变化，对高收入人士来说，收入的边际税率很可能会提高至45%。而金税三期上线使一人的多元收入来源变得很容易被掌握和统计，瞒报少报收入来源也行不通了。

另一个特别值得高净值人士关注的问题是金税三期强大的数据信息系统与现行《个人所得税法》相结合，让“境外避税”空间大幅缩水。首先，现行《个人所得税法》加强了自然人的申报义务，明确了个人有申报“取得境外所得、因移民境外注销中国户籍”的义务。其中“离境申报”义务事项对高净值人士影响颇大。

从前移民基本不用考虑补税的问题。但现在,在移民以前必须把所有收入的完税凭证拿出来,结算并清缴个人此前未完税的部分,国家才能放你走。而金税三期的强大功能让国家对个人的资产情况了如指掌,如此一来,想通过移民而轻易地逃税、转移收入已成为过去式。

现行《个人所得税法》第八条①是新增的反避税条款,该条规定对于个人不按独立交易原则转让财产、通过国家的税收洼地或避税天堂进行避税、设立离岸公司把利润留在境外这三类情况,税务机关可以作出纳税调整,需要补征税款的,应当补征税款并依法加收利息。可以说,该三种情况把之前常见的几种避税手段都网罗了进来,高净值人士进行税收筹划的空间大幅缩小!

四、金税三期下民营企业主需高度关注的风险

杨女士:

看来金税三期对大家的影响是方方面面的。那在你们看来,现在我们在税务方面最要防范的风险是什么呢?

---

① 《个人所得税法》第八条规定,有下列情形之一的,税务机关有权按照合理方法进行纳税调整:(一)个人与其关联方之间的业务往来不符合独立交易原则而减少本人或者其关联方应纳税额,且无正当理由;(二)居民个人控制的,或者居民个人和居民企业共同控制的设立在实际税负明显偏低的国家(地区)的企业,无合理经营需要,对应当归属于居民个人的利润不作分配或者减少分配;(三)个人实施其他不具有合理商业目的的安排而获取不当税收利益。税务机关依照前款规定作出纳税调整,需要补征税款的,应当补征税款,并依法加收利息。

财富守卫律师组：

毫无疑问，首要的法律风险是涉刑风险。从您和您先生的情况来看，您作为公司高管，您的公司会帮您完成薪资收入申报，而您的投资所得也是需要纳税的，相对应的机构也没必要帮您隐藏，也会积极申报。但您家先生作为私营企业主，就有可能因为公司财务不规范而遭遇重大法律风险。我们先给您介绍个案例。

2013 年至 2014 年，黄某担任京通某（武汉）汽车服务有限公司法定代表人，负责该公司的经营管理。他指使该公司财务人员通过个人账户收取营业款项，再以其他凭证代替发票使用的方式逃避缴纳税款共计人民币 1, 883, 018 元，且该公司经税务机关依法下达追缴税款通知后仍未补缴税款。2017 年 11 月 6 日，黄某被抓获。2018 年 4 月 9 日，京通某（武汉）汽车服务有限公司才补缴税款人民币 1, 825, 630 元。最终黄某因犯逃税罪，被判处有期徒刑 3 年，缓刑 5 年，并处罚金人民币 200, 000 元，同时补缴税款人民币 57, 388 元。①

从这个案例可以看出，企业老板们千万不要再认为通过个人账户隐藏公司收入是“大家都在干”的安全做法。税务稽查，不仅要查公司的账户，还要查公司法定代表人或实际控制人或主要负责人的个人账户。根据税收征收管理法规定，税务虽然一直有权查询个人和企业银行账户，但由于掌握信息的能力有限，过去执法力度往往大打折扣。但从 2018 年开始，各地金融机构与税务、

① 参见湖北省武汉经济技术开发区人民法院刑事判决书（2018）鄂 0191 刑初 65 号。

反洗钱机构合作大大加强，金税三期的强大数据信息功能也让跨部门的信息交换变得越来越容易，企业主、法定代表人、财务负责人私人账户与公司账户之间的资金交易都将面临监控。2018 年 6 月，国务院也正式发布了公告，公告显示，工信部、中国人民银行、国家税务总局、国家市场监督管理总局四部门共同启动企业信息联网核查系统。这意味着企业想通过不规范的财务手段避税逃税将无可遁形，而企业主为了少交税或者纯粹图方便而用私人账户收取公司交易款项也将面临巨大风险。

五、敲黑板，画重点

1. 金税三期是一个功能强大的税收管理综合系统，不仅消除了过去国地税征管分离带来的“盲区”，还实现了个人税收管理和企业纳税人管理打通，高精度的数据信息让收入无处遁形。

2. 金税三期还实现了跨部门信息交换，将税务信息与户籍、工商、金融、社保、不动产，甚至医疗、就学等信息全面关联。金税三期让“最了解您的就是税务局”在中国成为现实。

3. 切记中国已经步入“税务透明时代”，纳税合规才是财富安全的“通行证”。如果您对报税、缴税有任何不清楚的地方，请第一时间咨询律师、税务师。

> 死亡和纳税是人生最无可避免之事！在牢记这一点的基础上合理规划，您和您的财富才可能真正“安全”。

第二章　CRS——世界步入税务透明时代

两天前,王董事长突然接到了其在新加坡的开户行打来的电话,客户经理告知王董事长,根据 CRS 要求,他在该行的账户信息将交换回中国,望其知悉。王董事长从财经新闻里也听说过 CRS,知道中国目前与世界上很多国家已经可以交换资产信息,但 CRS 到底是什么,对自己会有哪些影响却还并不清楚。直到接到境外开户行打来的电话,才感觉这“新闻”跟自己息息相关。基于对 G 律师事务所财富守卫律师组的高度信赖,王董事长预约了财富守卫律师组为其提供 CRS 的信息咨询。

一、CRS 是什么

王董事长:

前两天我接到境外开户行的客户经理打来的电话说我的账户信息将交换回中国,但他的普通话也不太标准,只听懂是基于 CRS 要求,其他的没太听清楚。CRS 我也偶有耳闻,但没深入了解,所以今天找到你们,希望能补补课,避免稀里糊涂地误事。

财富守卫律师组：

CRS是Common Reporting Standard(统一报告标准)的缩写，是2014年7月由世界经济合作与发展组织(以下简称世界经合组织)正式推出。它规定了金融机构收集和报送外国税收个人和企业账户信息的相关要求和程序，其作用在于通过加强全球税收合作来提高税收透明度，打击利用跨境金融账户逃、避税的行为。根据世界经合组织发布的报告：在G20(二十国集团)的大力推动下，截至2019年，全球已有150多个国家和地区承诺实施CRS，几乎涵盖了包括中国内地在内的世界上所有的大型经济体；也包括过去所有所谓的“避税天堂”，如瑞士、开曼、英属维尔京群岛(BVI)、百慕大、巴拿马、新加坡、中国香港地区等。

简单地说，CRS构建了一张“巨网”，通过这张“网”，各国或地区政府之间相互通报对方公民在自己国家的财产信息，以避免偷漏税、洗钱等行为。通过CRS交换的是境外金融账户和金融资产信息，主要包括：在境外银行的存款、保险公司的带现金价值的保单等。

以您在新加坡开立的账户来说，因为中国与新加坡都加入了CRS，并且两国间已经达成了交换协议，那么您在新加坡的哪家银行存有多少钱的信息将由您在新加坡的开户银行报送到新加坡金融监管局，该局再报送到新加坡税务局，由新加坡税务局与中国国家税务总局进行信息交换，这样一来您在新加坡银行的所有信息对中国国家税务总局来说理论上都是一览无余的。

值得一提的是，过去很多人喜欢到中国香港地区买人寿保险，因为中国香港地区也是CRS签约地区且与中国内地签署了信息交换双方协议,因此中国香港地区的保险公司也有义务将购买过大额保单的高净值客户的保单资产信息报告给国家税务总局,包括过去售出的大额保单信息。

可以说,CRS大大提升了全世界范围内个人和企业账户信息在国家与国家、国家与地区之间交换的效率和准确度,从而让"境外资产隐匿"和"境外避税"变得越来越困难。毫无疑问,这对像王董事长您这样的拥有境外资产配置的高净值人士来说会带来巨大的实质影响,值得高度关注。

二、CRS与中国

王董事长:

照你们这个说法,CRS在2014年就有了,但怎么那么多年了几乎没听说过?中国是什么时候加入CRS的呢?目前中国是个什么情况?

财富守卫律师组:

虽然2014年世界经合组织就推出了CRS,但它并不是直接生效作用于全世界的各个国家,也不是一国或地区承诺加入CRS就立即可以与其他承诺加入CRS的国家或地区自动实现信息交换。要实质性实现"信息交换",还需要成功"配对"。整体来说,CRS有三种信息互换模式:多边模式、双边协定模式和欧盟模式。其中,欧盟模式只适用于欧盟成员国。双边模式,需要两两自愿配对找对象,再签双边协议后进行信息交换。效率最高的是“多边模式”,但即便在该模式下,也要完成以下三步才能正式开始与他国进行信息交换:

1. 签署 CRS 多边协议《金融账户涉税信息自动交换之多边主管当局间协议》(以下简称《多边自动情报交换协议》)。

2. 做好进行交换的基础准备。即需给世界经合组织提供一系列资料,包括本国的 CRS 内化性法规、信息加密方式、数据安全处理情况等。

3. 向世界经合组织提交“愿意与之进行信息交换的《多边自动情报交换协议》签署国名单”,如果世界经合组织发现两个国家或地区都选了对方,则视为配对成功,然后把成功配对的信息公布出来。至此,该两国或地区间才可以进行信息交换。

以中国为例,我们是 2015 年 12 月签署的《多边自动情报交换协议》,而中国版 CRS 内化性法规《非居民金融账户涉税信息尽职调查管理办法》是 2017 年 7 月 1 日正式实施,而按照世界经合组织的安排,我国是第二批开始互换的国家,也就是 2018 年 9 月开始第一次信息交换,此后每年定期自动交换。所以,CRS 对中国人来说实施的时间还不算很长,很多人不太了解也不足为怪。

截至 2019 年年底,150 多个承诺实施 CRS 的国家或地区中,有 93 个国家/地区与中国配对成功可进行金融账户信息自动交换。当然,这 93 个国家/地区,已包括了所有的传统“避税天堂”,也包括中国内地高净值人士进行境外资产配置时经常选择的中国香港地区、新加坡等。

三、CRS 带来的实质影响

王董事长:

具体来说,CRS 会给我们带来哪些实质性影响呢?

财富守卫律师组:

中国正式开始进行 CRS 体系下的信息交换,对我国有境外资产配置的高净值人士来说影响是显著的,具体来说,至少体现在以下四个方面:

(一)丰富全面的信息交换使“隐私保护构架”失效

首先,CRS 涉及的信息交换范围非常地丰富全面,几乎覆盖所有境外金融账户信息,包括存款账户、托管账户、带现金价值的保单、证券公司的股票、信托架构下的信托受益权或投资公司的股权、年金合约等,甚至离岸公司、离岸信托等也面临“穿透”的风险,不能再简单判断一定是“高隐私保护架构”了。

具体到某个金融账户来说,户主姓名、常住地址、户主的税务居民所在地、户主的税务登记号等户主的基本信息,以及账户所在地金融机构的名称、账户账号、年末账户余额和价值、利息、股息、买卖金融资产的收益都是被 CRS 明确要求的信息交换内容。

CRS 的信息交换重点是“金融账户信息”,所以一般来说房产、珠宝首饰、字画古董、飞机游艇、境外公司股权等的信息不会自动交换。但我们建议高净值人士不要自行简单判断自己的某项境外资产是否有被 CRS 信息交换的可能，最好咨询专业律师，具体问题具体分析。

(二)“税务居民身份识别”与反避税规则使境外“避税”失效

CRS 带来的另外一个显著影响是“税收居民身份识别”。按照 CRS 规则，某账户户主的“税务居民身份”是决定该账户信息应与哪国进行交换的判断标准，即只有是中国境内的“税务居民”其境外账户信息才会被交换给中国国家税务总局。什么样的人才是中国境内的“税务居民”呢？2019 年 1 月 1 日开始正式实施的《个人所得税法》对此有了明确规定，即只要在一个纳税年度内在中国境内居住累计满 183 天的个人就是中国“税务居民”，其境外账户信息就应向中国国家税务总局交换，而这也是一个符合国际惯例的标准。这样一来，所有基于 CRS 而与中国配对成功可进行金融账户信息自动交换的国家或地区的金融机构都能非常简便地判断出哪些账户信息应与中国交换。中国现在有了一个明确的税务居民判断标准，也让 CRS 开始真正对中国的高净值人士产生影响。

因为通过 CRS 必然导致高净值人士的境外资产信息暴露给中国税务机关，中国版“反避税规则”也应运而生，即现行《个人所得税法》第八条，即对个人不按独立交易原则转让财产、通过国家的税收洼地或避税天堂进行避税、设立离岸公司把利润留在境外这三类情况，税务机关可以作出纳税调整，需要补征税款的，应当补征税款并依法加收利息。该条对于通过海外资产架构来持有境外资产而意图避税的高净值人士会构成重大影响。比如，过去通过灰色贸易手段转移至境外账户的资金可能会因为CRS信息交换而“暴露”，或者通过离岸公司持有的账户信息因为被交换回信息后发现实际控制人违反了“反避税规则”而被要求补税。

（三）离岸公司可能被“穿透”

过去高净值人士往往喜欢在BVI、开曼等地设立离岸公司，核心目的是认为该些公司的股东信息不会被“穿透”，有很好的隐私保护功能。但如今因为与中国实现了CRS信息配对交换的国家和地区也包括如开曼、BVI、百慕大、瑞士等传统“避税天堂”，情况就有了很大变化，设在避税港的离岸公司也可能被“穿透”。

以BVI为例，如果离岸公司（如BVI公司）被认为是“积极的非金融机构”，不用穿透背后中国实际控制人，BVI公司的开户行（如中国香港地区的某行）只需把BVI公司的账户信息换回BVI。但是，换回BVI后，如果BVI政府认为该BVI公司在当地并不具备“经济实质”，仍可能会将信息穿透背后的实际受益人换回中国去。如果离岸公司（如BVI公司）被认为是“消极的非金融机构”，要穿透背后中国实际控制人来交换信息。

而“积极的非金融机构”与“消极的非金融机构”的判断标准是，上年（申报期）的收入半数以下是消极收入的（以及产生消极收入的资产占总资产半数以下），或上市的（如红筹），或非营利性的机构等都属“积极非金融机构”。除此之外，都是“消极非金融机构”。消极收入包括：股息红利、利息或类利息、租金和特许权使用费、年金、金融资产类(期货、远期合约等)交易收益、外汇交易收益、掉期交易收入、具有现金价值的保险合同下的所得等。

属于“消极非金融机构”的BVI公司的开户行(如中国香港地区某银行)会穿透,将实际控制人的身份信息,以及其控制的BVI公司账户的余额(或价值)、当期收入总额信息全部换回中国。实际控制人是谁?依次判定:直接(或间接)持有BVI公司25%以上股权(或投票权)的人,通过其他方式对BVI公司实施最终控制的人或该BVI公司的高管。

(四)法律责任需严防

毫无疑问,由于CRS交换回中国国家税务总局的信息有可能给当事人带来税务违法风险,所以,这方面问题也请王董事长您一定多多关注,严防发生。

依据《税收征收管理法》,隐匿境外收入涉及3个层面的行政责任:(1)未按期申报,对应《税收征收管理法》第六十二条、第六十四条和第六十八条。(2)逃避追缴税款,对应《税收征收管理法》第六十五条。(3)偷税,对应《税收征收管理法》第六十三条。纳税人伪造、变造、隐匿、擅自销毁账簿、记账凭证,或者在账簿上多列支出或者不列、少列收入,或者经税务机关通知申报而拒不申报或者进行虚假的纳税申报,不缴或者少缴应纳税款的,是偷税。对纳税人偷税的,由税务机关追缴其不缴或者少缴的税款、滞纳金,并处不缴或者少缴税款50%以上5倍以下的罚款;构成犯罪的,依法追究刑事责任。可见,纳税人承担的相关行政责任主要为罚款,税务机关对此有比较大的自由裁量权。

跟在国内严重违反税务征缴规定可能涉刑一样，CRS 交换回国的税务信息也可能带来刑事法律风险。我国《刑法》第二百零一条规定，纳税人采取欺骗、隐瞒手段进行虚假纳税申报或者不申报，逃避缴纳税款数额较大并且占应纳税额 10% 以上的，处 3 年以下有期徒刑或者拘役，并处罚金；数额巨大并且占应纳税额 30% 以上的，处 3 年以上 7 年以下有期徒刑，并处罚金。部分国家在提供情报时，可能会基于经济发展考虑要求对方国家提供刑事豁免，以保护该国投资者的安全和积极性。从目前我国《刑法》的相关规定来看，对于偷逃税行为是可以无限期追究责任的。

目前，对于因纳税人疏漏导致的欠税，一般追征期为 3 年，涉及金额 10 万元以上的，追征期可延至 5 年，并不区分税源地是国内或境外。

四、CRS 下应避免的思维误区

王董事长：

看来这个 CRS 还真的必须高度重视，我下来就好好梳理一下境外资产的情况，也少不得请你们帮忙。此外，还有哪些是需要注意的呢？

财富守卫律师组：

CRS 带来的影响确实深远广泛，也不是简简单单能完全说清楚的，今天给您的咨询也只是整体性的介绍，具体问题确实需要具体分析,否则容易走弯路或白白浪费资源。要说还有其他什么可关注的,我们来“辟谣”一下常见的对 CRS 的理解误区,避免各种“网络传言”干扰您的视听。

误解一:CRS 不会导致不打算移民的中国高净值人士的资产曝光。

真相:无论您是否有移民打算,是否已经是“外国籍”,只要您符合“中国税务居民”,即一个税务年度内您在境内居住满累计 183 天就将会导致您在境外的金融资产信息交换给中国国家税务总局。而您可能面临的后续问题是可能受到收入来源是否合法、有没有绕过外汇管制、有没有逃税、有没有走地下钱庄等问题的追问。

误解二:CRS 实施将只影响 2017 年新开的账户。

真相:CRS 标准要求,对每个国家非本国税务居民藏在该国的金融资产账户要进行“总清算”,换言之,您在十年前开的户也在清算之列。

误解三:为了规避 CRS,把钱放在美国就“安全”了。

真相:美国执行的 FATCA 法案是一个非常严谨的系统,如今的 CRS 就是参考美国的做法。中国与美国已经在 2014 年 6 月就 FATCA 法案实施达成了初步一致意见。所以,即便美国不加入 CRS 体系,中美两国间也可以通过签署双边交换协议来实现信息互换,这也是符合美国的一惯利益的。“双边互换”到来可能只是一次两国间的高层的会议就决定了,没人能预料未来。

另外,美国是一个严格执行遗产税的国家。不仅仅有遗产税,还有继承税。即使不是美国国籍,没有美国绿卡,美国也有权征收你在美国境内的动产和不动产的遗产税。

误解四：在境外金融机构开户时不使用中国身份证，那么金融机构就不会认为我是内地的税务居民，就不会把我的境外金融资产披露给中国国家税务总局。

真相：无论持哪国护照开户，是否向中国“信息交换”的标准是“一个纳税年度（公历1月1日起至12月31日止）内，在中国境内居住满183天”。

五、敲黑板，画重点

1. CRS已经将世界带入了“税务透明”时代，境外资产“山高皇帝远”的想法切记要改变。

2. 鉴于CRS参与国和与中国实现信息交换的国家都在动态增长中，不要认为在“非CRS参与国”就能安全“藏钱”。正确的理念是如何积极合规地应对新的全球化资产透明、税务透明大趋势。

3. 原则上CRS交换的是金融账户信息，其他如房产、股权等信息一般不会被自动交换。但鉴于真实资产配置的复杂性，为了避免“意外”，不建议非专业人士自行判断，多咨询专业律师、税务师才是问题解决之道。

> “税务透明”时代的全球资产配置，更需要合规意识与专业支持。

第三章　跨境信息透明化时代您必须知道的事

向G律师事务所财富守卫律师组咨询了CRS之后，王董事长越发觉得自己可能忽视了一些重要的、正在发生的变化，而这些变化可能导致自己的财富安全受到影响。出于多了解些信息，提高财富安全认识的考虑，王董事长又约见了财富守卫律师组，希望获得更多与资产配置、与财富安全息息相关的信息。

一、反洗钱

王董事长：

上次你们给我介绍了CRS的情况，感觉现在无论是国际还是国内，对私人财富信息和税务征稽的管理都在加强，进行财富管理和资产配置需要考虑的问题也越来越多了。站在私人财富安全的角度，你们认为除了CRS，我们还应该关注哪些可能过去被忽视的问题呢？

财富守卫律师组：

首先，我们认为高净值人士财富体量大，容易存在账户数量多、金额大、资金进出频繁的情况，应该特别关注“反洗钱”给自己带来的影响。虽然我国《反洗钱法》中对“洗钱”的定义是“通过各种方式掩饰、隐瞒毒品犯罪、黑社会性质的组织犯罪、恐怖活动犯罪、走私犯罪、贪污贿赂犯罪、破坏金融管理秩序犯罪、金融诈骗犯罪等犯罪所得及其收益的来源和性质的洗钱活动”①，但作为高净值人士，千万不要认为自己又没有参与罗列出来的这些严重违法犯罪行为，“反洗钱”就跟自己无关。因为金融机构在履行反洗钱义务时遵循的是“大额交易”和“可疑交易”汇报制度，也就是说，完全可能因为“账户异动”而导致被“反洗钱”监控，严重情况下还可能被金融机构冻结账户！此风险不可不防。

根据中国人民银行自 2007 年 3 月 1 日起实施的《人民币大额和可疑支付交易报告管理办法》第八条的规定，这 13 类交易都会被视作开户金融机构必须作为可疑交易上报的情况：(1)短期内资金分散转入、集中转出或集中转入、分散转出；(2)资金收付频率及金额与企业经营规模明显不符；(3)资金收付流向与企业经营范围明显不符；(4)企业日常收付与企业经营特点明显不符；(5)周期性发生大量资金收付与企业性质、业务特点明显不符；(6)相同收付款人之间短期内频繁发生资金收付；(7)长期闲置的

---

① 《反洗钱法》第二条规定，本法所称反洗钱，是指为了预防通过各种方式掩饰、隐瞒毒品犯罪、黑社会性质的组织犯罪、恐怖活动犯罪、走私犯罪、贪污贿赂犯罪、破坏金融管理秩序犯罪、金融诈骗犯罪等犯罪所得及其收益的来源和性质的洗钱活动，依照本法规定采取相关措施的行为。

账户原因不明地突然启用，且短期内出现大量资金收付；(8)短期内频繁地收取来自与其经营业务明显无关的个人汇款；(9)存取现金的数额、频率及用途与其正常现金收付明显不符；(10)个人银行结算账户短期内累计100万元以上现金收付；(11)与贩毒、走私、恐怖活动严重地区的客户之间的商业往来活动明显增多，短期内频繁发生资金支付；(12)频繁开户、销户，且销户前发生大量资金收付；(13)存在化整为零，逃避大额支付交易监测的情况。这里所指的“短期”实践中一般是指10个营业日内。

而且，2018年7月中国人民银行又发布了《中国人民银行关于非银行支付机构开展大额交易报告工作有关要求的通知》(以下简称《通知》)，将严查的重点放在了“私转公”上。根据该《通知》要求，应当以客户为单位，按资金收入或者支出单边累计计算并报告下列大额交易：(1)当日单笔或者累计交易额人民币5万元以上(含5万元)、外币等值1万美元以上(含1万美元)的现金收支；(2)非自然人客户支付账户与其他账户发生当日单笔或者累计交易额人民币200万元以上(含200万元)、外币等值20万美元以上(含20万美元)的款项划转；(3)自然人客户支付账户与其他账户发生当日单笔或者累计交易额人民币50万元以上(含50万元)、外币等值10万美元以上(含10万美元)的境内款项划转；(4)自然人客户支付账户与其他的银行账户发生当日单笔或者累计交易额人民币20万元以上(含20万元)、外币等值1万美元以上(含1万美元)的跨境款项划转。可以说，中国人民银行作为中国的“反洗钱”主管机构已经将较大额度的全金融渠道资金划转纳入了监控范围内。

其实,自2018年起中国国内监管机构大幅收紧"反洗钱"监控,也是有着大的国际背景的,即中国在接受FATF(Financial Action Task Force,国际反洗钱金融行动特别工作组)第四轮评估。FATF是全球最具影响力的反洗钱和反恐融资国际组织之一,成立于1989年,负责制定国际范围内的反洗钱标准和规则。中国于2007年加入,该组织目前的"会员"已包含全球各主要经济体在内的30多个成员以及欧盟委员会、海湾阿拉伯国家合作委员会。也就是说,当今一张覆盖全世界主要经济体的"反洗钱"大网已经形成,若不注意,将在全球范围内"寸步难行"。根据FATF在2012年发布的要求,任何"税务犯罪"(只要具备法律规定的可惩罚性即可,无须被法院正式定罪)都构成对反洗钱规则的违反,此时,银行等金融机构可以冻结、没收或征用该有涉税问题的个人或公司的账户。结合国内"金税三期"上线,以及全球范围的CRS信息交换,可以说当今税务机关已经有渠道获取金融机构的反洗钱信息,这就解决了税务机关追缴税款信息不足的问题。

另外,高净值人士作为金融机构的"VIP"客户,过去确实有"享受"金融机构提供的特殊"境内外转账划款便利"的情况,但随着2018年以来中国人民银行反洗钱工作的不断收紧,多家大型金融机构先后因为"反洗钱"要求执行不到位而收到千万级"大罚单",相关人员也接受处罚,该种针对高净值人士的"优惠"也必然成为"过去式"。所以,在高度"信息透明化"的当今世界,高净值人士想真正实现"财富安全",了解"反洗钱"规则、规避作为可疑交易被上报是"必修课"。

二、实际受益人识别

王董事长：

你们提示这个反洗钱确实非常重要，尤其是那么广泛的账户监管，确实跟我们每个人息息相关，我回头就提醒家人和财务人员，各种转账操作一定要注意，不要哪天账户被冻结了还不知道怎么回事。除了反洗钱和之前已经给我介绍过的 CRS 之外，在境外投资方面有没有什么别的需要注意的趋势性问题呢？

财富守卫律师组：

从全球趋势的角度来看，除了之前已经跟您介绍过的 CRS 以外，“受益所有人”的信息透明化潮流也值得有境外资产配置的高净值人士高度重视。

高净值人士在境外配置资产时往往选择通过设立“离岸公司”、信托或其他法律架构来间接持有资产，以求更妥善地保护资产信息和更方便地实现财富传承。在这些“架构”中，能对资产实施控制、处置权，或享有最终控制权的人即可能被视作“受益所有人”。

根据 FATF 的定义，受益所有人是指对某公司或法律架构能实施最终有效控制或拥有所有权的自然人。该“最终有效控制或拥有”既包括通过所有权链条也包括通过其他方式行使所有权或控制的情况。FATF 要求各成员国建立受益所有人透明化的机制,并建立受益所有人的登记系统。2014年,G20(二十国集团)在澳大利亚布里斯班峰会上也提出了"G20对受益所有人信息透明化的总体原则",也对各国登记受益所有权信息,保证该部分信息能被合理利用和国际交换,并被金融机构和指定的专业人士合理识别。G20还要求各成员国改善妨碍透明度的公司制度、解决法律架构被滥用的问题。欧盟也结合反洗钱要求对受益所有人识别进行了类似的要求和规定。

特别值得一提的是,英国在全球受益所有人信息透明化潮流中处于引领地位,这也直接导致了其境外领土也不得不步入"信息透明化"时代。而英国的这些境外领土多是传统的信息保密"避税港",如BVI、开曼、百慕大等。2018年5月,英国议会通过了《制裁和反洗钱法案》的修正案,该法案要求英属境外领土在2020年年底前建立公开公司最终受益人登记册。那么长期以来"避税港"的受益所有人信息不透明问题将得到极大改变,中国高净值人士习以为常地通过在"避税港"设立"离岸公司"来间接持有财产,保护"隐私"的诉求也将受到极大冲击。

坊间有传言说美国的"客户保密性很高",但该说法也有一定片面性。美国财政部下属的金融犯罪执法网(FinCEN)是美国负责客户尽职调查和打击洗钱的主要机构。其颁布的《金融机构客户尽职调查要求》(CDD规则)[①]已于2018年5月11日生效。换句话说,自2018年5月11日起,所有在美国金融机构开设的银行

---

① Financial Crimes Enforcement Network (2016), "Customer Due Diligence Requirements for Financial Institutions", Financial Rules (RIN 1506 - AB25), Federal Register, Vol. 81, p. 29403.

账户，其受益所有人信息都可能被美国政府掌握。当然，基于美国各州公司法的差异性，目前仍存在某些州的公司法禁止披露实际控制人的情况，但这些州是否会修改其州法律以适应联邦法规的要求和全球性的实际控制人信息透明化大趋势，我们认为也是难以判断的。

当然，虽然目前推动受益所有人信息透明化已成为全球化趋势，并且该举措也是与 CRS 和国际反洗钱要求相互配合，以力图实现全球反洗钱与反避税的协同行动，但在实际执行中各国间还是存在差异性的，受益所有人信息即便被当地政府登记掌握后也非必然产生国际信息交换的后果。但高净值人士应该清楚的是，想通过某个“离岸公司”、信托或其他法律构架就轻易地隐藏实际控制人信息的可能性已经越来越小，任何通过某种架构持有境外资产的考量都应该经过专业人士更加细致、有针对性的判断和规划方有可能达到预期效果。

三、世界经合组织《披露规则》

王董事长：

按上述说法，通过在“避税港”地区设立“离岸公司”来隐藏实际控制人信息已经很困难了，但我怎么还不时接到些号称境外投资顾问的电话，告诉我说可以很方便地“隐形”持有境外资产，并将这个作为他们的主要优势来宣传呢？

财富守卫律师组：

如果某个中介机构给您传达了这样的信息，我们的建议是"请保持高度审慎"！因为在全球化的"信息透明化"趋势下，各类中介机构也是被赋予了很多义务的，如果中介机构在处理客户事务时缺乏审慎或者故意违规，可能招致严厉的惩罚。所以，我们认为负责任的正规中介机构是不可能随便给出"信息绝对保密"承诺的。当然，不是说通过设计某些架构来合理地维护资产信息安全已经完全没有路径，但这样的路径一定不是某种"套路"可拿来广泛营销的，而是针对性极强的"量身定制"模式。

2018 年 3 月 9 日，世界经合组织出台了《针对 CRS 规避安排和不透明离岸架构的强制性披露规则范本》（以下简称《披露规则》），其核心内容即是要求协助设立不透明离岸架构或 CRS 规避安排的中介机构应该在该架构设立运用后的 30 日内向本国的税务机构进行披露，并且纳税义务人自己也有义务向本国的税务机构披露。

《披露规则》下有披露义务的中介机构包含两类：一类是负责设计或销售该 CRS 规避安排或不透明离岸架构的中介机构，比如财务顾问、财务规划师等；另一类则是为该 CRS 规避安排或不透明离岸架构提供相关专业服务的中介机构，比如律师、会计师、税务师等，但该类人员是在"合理预期"知道其提供的服务是为了设计 CRS 规避安排或不透明离岸架构的情况下才有义务披露。比如，一名律师应客户要求准备法律文件，在其知道或应该知道所准备的这些法律文件是为 CRS 规避安排或不透明离岸架构所用的情况下，就应该向其本国税务机关披露客户名称、受益所有人、为该方案提供服务的其他中介机构名称等信息，并披露为什么某个架构具有规避 CRS 的特质或有可能造成实际受益人、控制人不被正常识别。

《披露规则》出台后，很多常见的“CRS 筹划方案”都不再具有可行性，以下几种过去被各路财务咨询公司大力推荐的方式甚至被“点名批评”。

一是“建议、协助将账户转移至美国”不可持续。因为目前美国还没有进入全球 CRS 信息交换系统，所以存在部分财富咨询中介机构建议、帮助在像中国这样与美国还没有开始“双方税务信息交换”的国家的高净值人士将账户转移去美国以规避 CRS 信息交换。那么，根据《披露规则》，这些“建议、协助”中国高净值人士将账户转移去美国的中介机构就有义务将账户转移方案报告给当地的税务机关。

二是建议客户选用电子货币作为托管账户的替代方案，或者金融机构发行一些 CRS 明示范围之外的金融衍生产品来替代金融账户，让客户享有金融账户的实质功能但又能规避 CRS 的方式，也都被《披露规则》点名“需要披露汇报”给当地税务机关。

三是通过利用税务居民的身份来规避 CRS 申报的做法也在《披露规则》中被明确指出是违规行为，即一些高净值人士利用有些国家不对在其境外的资产征税的税务优惠政策，在这些国家居住满一定时间成为其“税务居民”，即只向金融机构申报提交其在该“税务优惠”国家的税务居民身份资料，掩盖其也是其他税收较严国家的税务居民身份，逃避金融机构客户尽职调查规则的情况。

值得一提的是,《披露规则》规定了“溯及过往”的效力,即虽然该规则2018年才出台,但其要求负责设计、推销CRS规避安排或不透明离岸架构的人员披露2014年10月29日以后执行的所有金融账户资产价值达到100万美元以上的CRS规避安排或不透明离岸架构的信息。所以,对于高净值人士来说,《披露规则》的波及面是比较广的。

虽然《披露规则》作为世界经合组织出台的文件并没有直接的法律效力,但世界经合组织的成员国有义务将其转化为国内法律。虽然中国目前尚非世界经合组织的成员国,但中国加入了由世界经合组织主导的CRS体系,并且也是其推动的《多边税收征管互助公约》的签约国,而世界经合组织已经在设计将基于《披露规则》披露的信息交换纳入《多边税收征管互助公约》之下。所以,可以预见,境外中介机构披露到其所在国的中国高净值人士的境外CRS规避安排或不透明离岸架构信息是很可能被交换回中国的。高净值人士在设计境外资产持有架构安排时,必须考虑《披露规则》的要求,不可轻信任何“绝对保密”的承诺。

四、敲黑板,画重点

1. 随着国际税务信息交换合作的加强,以及支持国际信息交换的技术手段不断升级,高净值人士必须认识到当今世界已经进入“跨境信息透明化时代”。任何财富规划架构的设计都应该建立在这一理性认识的基础上,并充分咨询正规专业机构的意见,进行有针对性设计方可能达成预期。

2. 反洗钱工作已然在中国及全球严肃展开，而且可以说与每个人，尤其是高净值人士息息相关。作为高净值人士，应该了解反洗钱要求，严格规范自己的账户交易行为，避免交易行为触及《可疑交易报告》的范畴，才能避免因为触犯“反洗钱”规则而遭受账户冻结，甚至承担其他更为严重的不利后果。

3. 随着全球范围的“受益所有人识别”要求以及《披露规则》出台，正规专业机构在帮助高净值人士进行财富规划安排的时候会更加谨慎。但利用离岸中心进行财富管理架构设计本身并不违法，只是高净值人士利用离岸架构的合理、合法诉求，需要更加准确的判断和精确的设计才能实现。

跨境信息透明化时代已然到来，财富需要及时“上岸”。远离洗钱嫌疑、规范全球纳税、慎用离岸不透明架构，是新时代高净值人士实现真正的财富安全必须坚守的规则。

主要参考文献

[1]Adolf A. Berle and Gardiner C Means, *The Modern Corporation and Private Property*, The Macmillan Company, 1933.

[2]Benjamin J. Richardson, *Fiduciary Law and Re - sponsible Investing: In Nature's Trust*, Routledge, 2013.

[3]E. Norman Veasey, Christine T. Di Guglielmo, "What Happened in Delaware Corporate Law and Governance From 1992 - 2004A Retrospective on Some Key Develop - ments". *Delaware Journal of Corporate Law*, 2005, 153(5).

[4] [2014] EWHC 3547 (Ch).

[5] [2016] EWHC 258 (Ch).

[6] [2017] EWHC 2426 (Ch).

[7]Kern Alexander, "UK Corporate Governance and Banking Regulation: The Regulator's Role as Stakeholder", *Stetson Law Review*, 2004, 33(3).

[8]Manning, "The Business Judgment Rule and the Di - rectors' Duty of Attention", *Business Law*, 1984(33).

[9]Melvin A. Eisenberg, "*The Duty of Care of Corporate Di-*

rectors and Officers", *University of Pittsburgh Law Re - view*, 1989, 51(4).

[10] Roberta Romano, "Contract and Fiduciary Duty", *Journal of Law & Economics*, 1993, 36(1).

[11] Tarmar Frankel, *Feduciary Law*, Oxford University Press, 2011.

[12]陈宝富、周少怡:《私募与非法集资犯罪的边界》,载《法学》2013 年第 11 期。

[13]陈丽湘:《1.82 亿股过户给前妻沃尔核材实控人身份"离"没了》,载《证券时报》2019 年 9 月 11 日。

[14]陈秀军:《香港女富豪龚如心遗产案——华懋基金上诉终审法院》,载中国法院网:https://www.chinacourt.org/article/detail/2014/05/id/1303562.shtml,2020 年 9 月 2 日最后访问。

[15]丁勇:《香港已故女富豪龚如心 830 亿遗产归属揭晓》,载中国新闻网:https://news.china.com/domestic/945/20150518/19703764_all.html,2020 年 9 月 2 日最后访问。

[16]段治平:《财政与税收》,清华大学出版社、北京交通大学出版社 2008 年版。

[17]广东省广州市天河区人民法院(2012)穗天法刑初字第 1306 号刑事判决,2013 年 12 月 12 日。

[18]黄利飞:《A 股又现天价离婚,妻子带走 10 个亿,看看湘股夫妻联席控股公司有哪些》,载《三湘都市报》2017 年 2 月 4 日。

[19]贾增杰:《基于"金税三期"管理系统的税务风险分析及

防范》，载《中国总会计师》2017 年第 12 期。

[20]梁慧星：《民法解释学》，中国政法大学出版社 1995 年版。

[21]李蕾：《真功夫原董事长蔡达标被判 14 年》，载《新京报》2013 年 12 月 30 日。

[22]梁清华：《论我国私募基金托管人制度的重构》，载《暨南学报(哲学社会科学版)》2014 年第 9 期。

[23]李寿双：《中国式私募股权投资：基本中国法的本土化路径》，法律出版社 2008 年版。

[24]刘文娟：《案例分析——龚如心遗产纠纷案》，载《检察风云》2010 年第 20 期。

[25]罗亦丹：《俏江南对赌协议的输赢之变》，载《食品界》2014 年第 3 期。

[26]李有星、范俊浩：《非法集资中的不特定对象标准探析——证券私募视角的全新解读》，载《浙江大学学报》2011 年第 5 期。

[27]毛海栋：《通过豁免的规制——美国私募基金规制政策的变迁和启示》，载《法学评论》2013 年第 1 期。

[28]《深圳市沃尔核材股份有限公司关于股东持有股份变动的进展公告》，公告编号：2019 年第 103 号。

[29]唐碧：《小马奔腾创始人去世妻子被判负债 2 亿》，载《财会信报》2018 年第 4 期。

[30]王芳芳、刘晓音：《国地税合并下税务管理研究》，载《商情》2018 年第 48 期。

[31]王贺:《内讧的"真功夫"》,载《中国连锁》2011 年第 6 期。

[32]韦佳:《夫妻共同债务认定研》,哈尔滨理工大学 2019 年硕士学位论文。

[33]王丽:《莫让爱人为你的事业买单——从小马奔腾案看民营企业的家族财富传承》,载《中国会展》2018 年第 5 期。

[34]谢若琳:《小马奔腾夫债妇偿案二审在即 2 亿债务判决有望逆转》,载《证券日报》2018 年 1 月 19 日。

[35]徐姗:《我国家族信托的法律研究以"吴亚军、蔡奎家族信托为例》,载《时代金融》2016 年第 23 期。

[36]肖宇、李润:《我国私募股权基金备案制度评析》,载《金融法苑》2015 年第 1 期。

[37]肖宇、许可:《私募股权基金管理人信义义务研究》,载《现代法学》2015 年第 376 期。

[38]肖宇:《股权投资基金治理机制研究:以有限合伙制为例》,载《社会科学研究》2010 年第 3 期。

[39]肖宇:《上海自贸区背景下外资私募股权基金国民待遇的实现路径》,载《法学》2014 年第 9 期。

[40]杨后鲁:《税务透明时代下的家族财富传承》,清华大学出版社 2019 年版。

[41]杨崎:《家族信托在公司治理中的应用研究》,广东财经大学 2013 年硕士学位论文。

[42]叶知秋:《离婚被分掉 9 亿 上市公司老板们"分手"有多贵》,载三联生活资讯: http://www. 3030k. cn/news/zixun/

1909/20398. html,2020 年 9 月 2 日最后访问。

[43]子宸:《俏江南“卖身“前景难料》,载《中国商界》2014 年第 3 期。

[44]中华人民共和国商务部反垄断局:《2013 年第四季度无条件批准经营者集中案件列表》,载中华人民共和国商务部反垄断局:http://fldj. mofcom. gov. cn/article/zcfb/201401/20140100457358. shtml,2020 年 9 月 2 日最后访问。

[45]赵宁宁:《被击穿的家族信托——俄罗斯亿万富翁信托失败警示录》,载《法律与生活》2018 年第 2 期。

[46]张飘逸:《龙湖地产上市前股权已被分配好分属吴蔡各自家族信托》,载《华西都市报》2012 年 11 月 22 日。

[47]张涛:《龙湖地产经历“离婚风波”》,载《城市住宅》2012 年第 12 期。

附件一　拓展阅读——财富保卫相关案例

一、普加乔夫资产保护失败案——过度强调控制权导致信托“保护无效”

2017年10月11日，英格兰和威尔士高等法院对前“克里姆林宫的银行家”谢尔盖·普加乔夫的境外信托案作出判决。此判决备受关注，因为普加乔夫身份之特殊、法律技术之复杂、涉案金额之大、案情之跌宕为近年来国际社会少见。

（一）“隐形巨头”和他财富帝国的崛起与陨落

2017年10月11日，媒体报道，英格兰和威尔士高等法院裁定，谢尔盖·普加乔夫的五个新西兰资产保护信托被判“保护无效”。普加乔夫被认为是信托财产的所有者，也就是说，债权人可以向其信托资产提出索赔。

1.财富帝国的崛起

谢尔盖·普加乔夫被称为俄罗斯的“隐身巨头”“普京的银行家”，于20世纪80年代毕业于列宁格勒国立大学。1990年，普加乔夫来到莫斯科并结识了当时执政的叶利钦的一位亲信——帕维尔·博罗金。1992年,普加乔夫在莫斯科创建了“国际工业银行”。在博罗金的大力支持下,“国际工业银行”被列入俄罗斯与国际金融组织合作机构名单,成为俄罗斯国内最大的私有银行之一。当时俄罗斯诸多大财团和大公司均在国际工业银行开设账户,普加乔夫很快成了当时克里姆林宫诸多权贵的“自己人”。

1996年,博罗金把弗拉基米尔·普京从圣彼得堡调到莫斯科,使普京有机会进入克里姆林宫。同年,普加乔夫帮助鲍里斯·叶利钦成功取得连任,并使自己成为克里姆林宫的经济顾问。此时,他与时任总统事务管理局副局长的普京日渐熟络。当时,普京负责俄罗斯境外国有资产的相关事宜,与普加乔夫的国际工业银行在业务上有频繁的联系。

普京就任总统之后,普加乔夫逐步成为与普京关系最为密切的顶级富豪之一,在俄罗斯被称为“隐身巨头”,并于2001年被选为俄罗斯国家杜马上议院的参议员。普加乔夫顶峰时期坐拥的商业帝国涉及俄罗斯银行、航运等产业。他还曾在俄罗斯政府内部带领一个“鹰派”小团体,一度被称为“普京的银行家”。

据相关报道,2008年,普加乔夫已达到150亿美元资产。除了国际工业银行的股权外,他还拥有在莫斯科红场的豪宅、俄罗斯最大的造船厂、世界第二大炼焦煤厂、法国连锁店黑蒂雅、法国国家报纸《法兰西晚报》、法国葡萄酒酒庄、三艘游艇、两架私人飞机和一架巨大型直升机……随着自己财富帝国的崛起,普加乔夫成为俄罗斯名副其实的“顶级富豪”。

2. 陨落后的诉讼

2008年之后,“国际工业银行”陷入经营困境,虽然一定程度上得到了俄罗斯政府的救助，但最终也难以挽回。2010 年，国际工业银行不得不宣布破产，银行的许可证被吊销，直接进入破产清算程序。俄罗斯清算机构指出怀疑普加乔夫挪用了银行大量资金。并且，俄罗斯当局指控普加乔夫在 2008 年至 2009 年全球金融危机期间，私自挪用公款用于支援自己的企业。同时，普加乔夫失去了总统普京的青睐，其商业帝国遭遇连续瓜分。据英国媒体报道，俄罗斯政府先是“摧毁”了普加乔夫价值 150 亿美元的商业帝国，而后“择优挑选”其中的优质资产收归俄罗斯国有。普加乔夫被没收的优质资产包括两家造船厂、一座世界上最大的煤矿以及位于莫斯科和圣彼得堡黄金地段的房产。最后，俄罗斯政府还启动了针对普加乔夫的刑事诉讼。

尽管普加乔夫在 2011 年逃到英国，但伴随他的，还有接连不断的跨境官司。

2013 年 12 月 2 日，俄罗斯清算机构 DIA 在莫斯科提起了针对普加乔夫的诉讼，并且毫无意外地胜诉了。

2014 年 7 月 11 日，英国法院基于《跨境破产法案》的规定，承认了清算机构 DIA 的胜诉结果，并为协助执行该判决，英国法院于当天签发了针对普加乔夫资产的全球冻结令。强烈预感英国法院会对自己作出不利判决的普加乔夫于 2015 年 6 月逃往法国。2015 年 12 月 3 日，英格兰和威尔士高等法院因普加乔夫的行为判断其蔑视法庭，并下达了对其立即逮捕的命令，于 2016 年 2 月判处普加乔夫有期徒刑两年。

经历了数场诉讼之后，普加乔夫也开始拿起“法律”武器。2016 年 9 月 22 日，海牙常设仲裁法庭受理了普加乔夫对俄罗斯政府提起的120亿美元的赔偿之诉。

但2017年10月11日,英格兰和威尔士高等法院裁定,普加乔夫五个在新西兰设立的资产保护信托均为虚假信托,该信托项下的所有财产为普加乔夫个人财产。也就是说,普加乔夫难逃偿还债务的宿命。

(二)普加乔夫的境外信托为何被击穿

2008年,普加乔夫的巅峰时期,他认识了后来成为其妻子的亚历山娜·托尔斯泰。亚历山娜出生在英国,是英国尼古拉·托尔斯泰伯爵的女儿,属于托尔斯泰家族,是俄罗斯大文豪列夫·托尔斯泰的旁系后代。

普加乔夫和妻子一共育有三个孩子。2010年,普加乔夫的财富帝国开始逐步走向衰落,国际工业银行破产。2011~2013年,国际工业银行在被清算期间,普加乔夫设立了五个新西兰的家族信托,如下:

1. 2011年12月设立的London Residence信托,受托人是Kea信托公司;

2. 2013年7月16日设立的Kea Three信托,受托人是Kea信托公司;

3. 2013年7月16日设立的Riviera Residence信托,受托人是Finetree信托公司;

4. 2013年10月3日设立的WiltshireResidence信托,受托人是Bramerton信托公司;

5. 2013年11月28日设立的Green Residence信托,受托人

是 Bluering 信托公司。

以上五个信托均为酌情信托，资产总计为 9500 万美元。普加乔夫本人不但是这五个信托的“酌情受益人”，同时也是信托的第一保护人。

根据信托文件约定，只有在普加乔夫去世或者残疾时，他的儿子才能顺位上升成为第二保护人。同时，信托文件又赋予了第一保护人普加乔夫超出普通信托的权利，如保护人有权决定信托资金的收益和/或本金的分配、决定信托资金的投资、自由增删酌情受益人、变更信托契约、给予或撤销契约文件赋予的受托人的权利等，甚至还有权利任命或增加新的受托人以及受托人应就信托资产的具体投资获得保护人之提前书面同意等。

2015 年 7 月 24 日，普加乔夫通过行使约定的保护人权利，将其五个信托的原受托人全部替换成受其严密控制的四个新成立的信托公司。于是，五个信托实际上完全在普加乔夫个人的掌控之中，将其定义为普加乔夫的“个人资产”也不为过。

英格兰和威尔士高等法院在 2017 年 10 月 11 日的裁定中载明：

“第一，在所有信托中保护人的权利都不是信托责任，而只是个人权利，可以为个人私利而行使，整个信托资产将成为保护人个人资产之组成部分；普加乔夫同时作为保护人和受益人，实际上赋予了普加乔夫对信托资产的控制。”

“第二，普加乔夫设立五个信托的真实意图是为了保持对资产的控制，以隐藏控制权而对第三方对其资产的主张形成一个伪装，使得实际上属于普加乔夫的资产在外观上看起来并不属于他，但其他所有参与信托设立的个人都没有独立于普加乔夫的意图。”

“第三，普加乔夫都将放入信托内的资产视为属于他，并有保持最终控制的意图。普加乔夫设立信托的目的不是将其资产的控制让渡给他人，而是为隐藏其对该资产的控制。其设置自己作为保护人的角色就是为了实现形成这种控制的目的。”

“第四，普加乔夫和亚历山娜的子女可能可以享受信托资产的益处，但必须是在普加乔夫同意的情况下，这与没有设立信托一样，普加乔夫也没有为家庭成员之利益而将资产独立于其控制以外的意图。”

这些信托中的受托人均是从普加乔夫获得指示，而且作为受托人，公司的董事本质上都是普加乔夫的代持人。

最终，英格兰和威尔士高等法院在基于五个信托综合事实的基础上，判定这些信托实际上为虚假信托，该五个信托财产的所有者仍然是普加乔夫。所以，债权人可以向其追偿信托财产。

综上所述，普加乔夫设立五个信托的意图无论是日后为儿女留下生活保障或传承后代，还是预感自己命运劫数为预防风险而预留后路，最后毫无争议的是，普加乔夫处心积虑设立的家族信托最终被法院击破，价值近 1 亿美元的信托财产被认定系其个人财产，最终难逃被执行和被债权人追偿的宿命。

（三）关于信托财产

从信托的隔离机制作用上看，对财富的有效保护确实是可以通过设立信托来实现的。从法律上讲，信托财产应当独立于委托人（设立人）、受托人和受益人。受托人通过管理运用信托财产，其核心价值是帮助委托人进行资产隔离，实现为其家族成员持续的生活做出保障以及财富的传承的目的。在家族信托中，信托财产经委托人或设立人转移给受托人，受托人依照对委托人的约定对信托财产进行管理，将其收益分配给受益人，即通过信托法律关系建立了委托人财产和受托人财产的双向隔离机制，使设立人的企业和家族财产成为独立于家族成员的财产，不会因为家庭成员个人情况的变动，如债务、婚姻、刑事追责或死亡等，导致家族企业和家族财产受损，从而达到家族成员能持续、安全地从家族财产中受益；保护人以监督受托人的目的而设立，是保持监督和制衡的重要角色。

阅读提示

本文主要参考：（1）《税务透明时代下的家族财富传承》，作者：杨后鲁，清华大学出版社；（2）[2017]EWHC 2426（ch）；（3）《被击穿的家族信托，俄罗斯亿万富翁信托失败警示录》，法宝引证号 CLI. A. 225613，作者：赵宁宁。

二、“俏江南”张兰控制权失去案——对赌协议导致实际控制权被削

“俏江南”餐饮创始于2000年,2000年至2003年俏江南在北京陆续开了9家分店,上海开了2家分店。2008年,俏江南被选为奥运餐饮服务商为奥运会提供服务,在一线城市新增直营店8家。

2008年是俏江南快速发展期,张兰增加了营运资金并开设新餐厅进行扩张,与鼎晖创投签订了增资合同。

根据工商资料显示,在鼎晖创投投资之后,俏江南的注册资本从1400万元人民增资至2亿元人民币,其中鼎辉创投占比10.526%的股权。据此计算,鼎晖对俏江南的估价约为20亿元人民币,这个数字是俏江南2009年全年净利润的15倍,在当时的PE圈中可谓达到了“天价”。同时,以张兰为法定代表人的上海俏江南投资有限公司一家占股达到85.658%。

如此“大手笔”的投资也需要付出巨大的代价。鼎晖创投入股之初,投资条款中设有对赌协议:如果非鼎晖方面的原因,导致俏江南无法在2012年年底前完成IPO上市,鼎晖创投有权以回购方式退出。自此,“IPO上市”将俏江南与鼎晖的利益捆绑到了一起。

2010年5月,北京俏江南改制为股份公司,正式向A股发起冲刺,但不幸遭遇创业板整肃,2012年1月,证监会最终对其作出

了终止审查的决定。

A 股上市夭折后,俏江南迅速转战香港联交所,预计募资 1.5 亿美元至 2 亿美元,甚至已于 2012 年年底的"最后时间"内通过了上市聆讯。这是俏江南和上市离得最近的一次。

但若在香港上市,俏江南的估值不得低于 20 亿元才能确保"赌赢"。张兰在成都市财富论坛上表示,"俏江南上市早过完聆讯,随时可以在交易所完成挂牌。由于国际市场包括整个香港市场境况不太好,加之估值比较低,因而希望能够再等到一个更好的时机完成上市"。

让所有人无法预料的是,2013 年"限公消费"政策的出台,令高端餐饮市场一蹶不振,直接导致俏江南上市计划遥遥无期。

这也直接让当初以 20 亿元估值投资俏江南的鼎晖创投坐立不安。事实上,鼎晖创投与俏江南的对赌协议约定时间为 2012 年年底。收回成本的压力也促使鼎晖投资履行对赌协议内容,即"以回购方式退出俏江南",这也被外界广泛猜测是本次甜蜜生活美食集团收购俏江南一事背后的隐秘逻辑。

值得注意的是,虽然商务部对外公布了批准甜蜜生活美食集团收购俏江南的消息,但张兰曾称自己对此事没有发言权,强烈暗示出售股份一事并不是俏江南的主动行为。对此,北京志起未来营销咨询集团董事长李志起公开表示,这或许是鼎晖在单方面实施对赌协议。

据悉,甜蜜生活美食集团隶属私募股权投资公司 CVC Capital Partners。按照 2012 年所披露的交易细节核算,CVC 对于当时俏江南出价为 3 亿美元购买其 69% 股权,即俏江南的整体估价约为

28 亿元人民币,这与 5 年前鼎晖入股时的估价相比并没有显著提升。

这样的结局无论对俏江南还是对鼎晖创投来说,都是输的局面,因为张兰要面临失去俏江南控制权,而鼎晖创投在 5 年前所投资的 2 亿元资金也并未达到预期收益。

那么,既然带来的结局有可能是"双输",为何两者还要签订《对赌协议》?

"对赌协议"并非如字面上所说,是存在输家和赢家的"赌局"。对赌协议更多起到的是"保险作用",是风险投资方对自己所投资金的一个保证。

"比起'赌赢',实际上'赌输'更符合鼎晖投资的利益。毕竟,5 年前投了 2 亿元,谁也不希望 5 年后再拿 2 亿元回去。"国盛汇通财务总监李明华表示,"其实真正令投资方和公司产生矛盾的,并不是对赌协议本身,而是俏江南两次'生不逢时'的上市尝试,令投资方的资金付诸东流,真正的责任在俏江南,《对赌协议》只是放大了这一效应。"

"企业达不到自己的承诺,就要付出相应的代价,实际上这是为诚信所付出的代价。很多融资失败的企业家大多犯了这个错误,高估了自己,低估了投资人的资金价值。"李明华称。

张兰并不愿意见到因签订《对赌协议》失去对俏江南的控制权。

但经历两次上市未成后,张兰与鼎晖创投间的关系日趋紧张,她曾表示"引进鼎晖创投是俏江南最大的失误"。外界对此推测,在双方"谈崩"的情况下,可能对簿公堂。

然而，对赌条款并非严格的法律概念，而是我国PE行业对估值调整条款的形象化翻译。我国最早关于"对赌协议"的案件是海富投资有限公司(以下简称海富)与甘肃世恒有色资源再利用有限公司(以下简称世恒)案。

2007年11月，海富作为投资方，为世恒提供了2000万元的融资，当时海富投资与世恒及其股东香港迪亚有限公司(以下简称迪亚)签订的《增值协议书》中约定"对赌条款"：

如果2008年世恒净利润低于3000万元，海富投资有权要求世恒予以补偿；如果世恒未履行补偿，海富有权要求迪亚履行补偿义务。

但2008年，世恒的净利润仅为2.68万元。按照上述协议安排，海富要求补偿未果，故一纸诉状将世恒与其股东迪亚告上法庭，要求支付协议补偿款1998.2095万元。

此案从一审、二审到再审长达3年，由于我国法律条文中并无对"对赌协议"的明文规定，所以三次审判的结果均大相径庭。

最终，最高人民法院认定作为私募股权投资基金的海富与作为目标公司的世恒之间签署的对赌条款无效；但认定海富与作为目标公司控制股东的迪亚之间签署的对赌条款有效，据此判令迪亚向海富公司支付协议补偿款1998.2095万元人民币。

"最高人民法院在此案再审判决之前广泛征求了有关部门和专家的意见，我也参加了该院召开的专家座谈会。"刘俊海教授通过记者对外表示，"虽然中国不是判例法国家，但人民法院和仲裁机构近年来越来越重视典型性指导案例的引导功能。根据这个案例，外界应认识到，最为安全的投资保护手段就是由PE与目标公司的控制股东或实际控制人签订'对赌协议'。"而这一判例也变相"填补"了法律在对赌协议上的空白，表明了监管方对其的态度。

阅读提示

本文主要参考(1)《食品界》2014 年第 3 期中《俏江南对赌协议的输赢之变》，作者：罗亦丹；(2) http://www.ce.cn/cysc/sp/info/201507/24/t20150724_6026401.shtml 等信息来源综合编辑。

三、龙湖地产董事会主席吴亚军离婚案——信托架构保护了公司股权结构稳定

2012年龙湖地产董事会主席吴亚军的离婚案并未使龙湖地产的估值受到太大影响,就是归功于吴亚军与蔡奎设立的两个家族信托,将龙湖地产的股权从夫妻共同财产中进行剥离,使双方在离婚进行财产分割时并未涉及龙湖地产的股权分割,避免了龙湖集团因经营管理与持股结构的变动从而引发股价的强烈波动。现就以此家族信托的设立为例,诠释家族信托如何通过隔离机制稳定企业股权。

在公司重组前,重庆龙湖企业拓展的两大股东:嘉逊发展(香港)有限公司(吴亚军持股60%,蔡奎持股40%)(以下简称嘉逊发展)和重庆旭科有限责任公司,分别持有重庆龙湖企业拓展91.3%和8.7%的股权。

(一)设立空壳公司

在龙湖地产上市前,吴亚军与蔡奎首先在英属维尔京群岛注册成立Fit All Investment Limited(以下简称Fit All)、Precious Full International Limited(以下简称Precious Full)及Charm Talent International Limited(以下简称Charm Talent),分别作为员工持股计划及两人持有部分公司股份的主体。其次,在开曼群岛注册成立龙湖地产(开曼),作为拟在香港上市的主体(实为空壳公司)。

(二)资产注入

由龙湖地产(开曼)下设的境外控股公司 Long for Investment Co. Ltd(以下简称 Long for Investment)通过股权收购的方式持有嘉逊发展 100% 股权,由此完成龙湖地产(开曼)对嘉逊发展的 100% 控股。

(三)股权转让

由两家离岸投资公司分别持有上述 Long for Investment 的股权。Charm Talent 用 19.2 亿港元收购 Long for Investment 60% 的股份,Precious Full 用 12.8 亿港元收购 Long for Investment 40% 的股份,由此完成对龙湖地产(开曼)的全部股权分割。

(四)设立家族信托

由汇丰国际信托有限公司(以下简称汇丰国际信托)作为受托人,分别设立以吴氏家族成员及 Fit All 作为受益人的"吴氏家族信托"和以蔡氏家族成员及 Fit All 作为受益人的"蔡氏家族信托",两者均为全权信托。吴亚军和蔡奎作为信托的委托人和保护人,将各自持有的龙湖地产(开曼)的股权通过馈赠的方式,分别注入汇丰国际信托的全资子公司 Sliver Sea Assets Limited(以下简称 Sliver Sea)和 Sliver land Assets Limited(以下简称 Sliver land)中。

由此,家族信托完成了由成立到注资的设立整个流程,公司股权结构也随之改变,吴亚军和蔡奎都不再直接控制龙湖地产的股权,而是分别通过吴氏和蔡氏家族信托的名义进行持有。

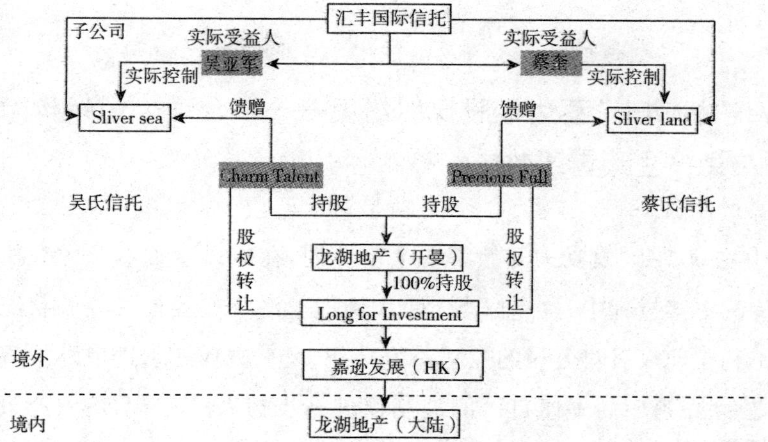

图7　龙湖集团的信托架构

通过家族信托模式，分离了公司股权中的各个要素，并分别由相对独立的不同主体持有。汇丰国际信托作为家族信托的受托人名义上享有所有权，而吴亚军通过担任董事长及CEO，对公司具有实际控制权，吴氏、蔡氏家族成员及公司职员（高管及主要雇员）作为家族信托的受益人均享有对公司股息分红的请求权。由此，建立起一种由所有者、控制者与收益者三方相互制衡的公司治理机制。

阅读提示

本文主要参考（1）http://www.360doc.com/content/16/0815/22/4623653_583478863.shtml；（2）《时代金融》2016年第23期中《我国家族信托的法律研究——以“吴亚军、蔡奎家族信托”为例》，作者：徐珊；（3）《中国经济周刊》，证券要闻，2017年12月27日等信息来源综合编辑。

四、“真功夫”蔡达标股权纠纷案——不合理公司架构隐患产生滚雪球效应

2006年，真功夫开始筹备上市计划，在与风险资本及中介机构的对接过程中，蔡达标当时意识到他与潘宇海股权平等的状况不利于他今后对公司的控制。2007年，真功夫成功引进风险投资之后，蔡达标为了使自己的控制权进一步扩大，委托不良中介策划并实施了“脱壳计划”。

2009年上半年至2010年，中介分批向蔡达标提交了“脱壳计划”系列的秘密文件，包括《潘宇海方面优劣势情况分析》《蔡总方面优劣势情况分析》《有关调整真功夫餐饮管理有限公司运营架构及控制权事项项目操作方案》《真功夫系脱壳计划》《真功夫系正式脱壳运作前的工作安排》。于是，蔡达标从2009年6月开始实施这一计划。至案发前，脱壳计划已经实施的主要内容有：

1. 蔡达标于2009年8月2日与中山联动（持股3%的真功夫股东）等五方股东签署《关于中山市联动创业投资有限公司股权转让之框架协议》，由蔡达标个人独资的东莞赢天对中山联动的100%股权进行收购。

2. 蔡达标于2009年6月以公司名义拒绝了股东潘宇海的审计要求，并且阻止董事、监事对公司账目进行查阅，直接剥夺潘宇海的知情权。

3. 为了进一步限制潘宇海在公司的权利，蔡达标公然违反董事会决议，以采取停止投资、强制审计等手段对潘宇海所分管的新品牌进行限制。

以上是已实施的“脱壳计划”的一部分，将蔡达标在股权上谋求将与他股权平等的股东潘宇海完全排除的野心展露无疑。

形势所迫，潘宇海签署股权转让协议。即便潘宇海是真功夫的创始股东和副董事长，但实际上已经被剥夺了权力，甚至连公司总部 OA 系统和公司总部大门也进不去的地步。2010 年 9 月 18 日，潘宇海与蔡达标及今日资本签署了《关于真功夫餐饮管理有限公司股权转让及后续事宜之框架协议》（以下简称《框架协议》），主要约定如下事项：

1. 潘宇海向东莞赢天（蔡达标独资公司）转让双种子公司 35.74% 股权，等于真功夫 3.76% 的股权，交易价款为人民币 7520 万元。

2. 潘宇海向今日资本指定的两家公司转让真功夫公司 21.25% 股权，其中 First Glory Corporation Limited 购买真功夫公司 17% 的股权，King Champ Corporation Limited 购买真功夫公司 4.25% 的股权。

3. 上述股权交易为“一揽子”交易，任一股权交易中止，则视为全部股权交易停止。

由于蔡达标掌权期间，真功夫的法人治理结构几乎处于停滞，其他股东对公司经营者无法监督。而他当时急于把潘宇海排挤出局，在他快速推动的《框架协议》的谈判过程中，蔡达标为加速收购、尽快打消收购方顾虑，在签署《框架协议》的同时，出具了一份《陈述与保证》，承诺：“在其控制公司期间，公司合法经营，没有涉及任何刑事的、民事的纠纷或诉讼，公司和其本人‘均未卷入可能对真功夫公司及其子公司产生不利影响的任何重大民事、刑事、仲裁、行政或其他法律程序。除已披露的诉讼外，未曾有真功夫公司、其子公司提出的或针对真功夫公司、其子公司提出的、尚未解决或可能发生的任何民事、刑事、仲裁、行政或其他法律程序；也不存在可预见地将引起真功夫公司、其子公司有关的民事、刑事、行政或其他重大法律程序的事实或情形’。”

2011 年 3 月，在框架协议正在执行过程中，真功夫蔡达标涉刑案发。同年 11 月，今日资本以蔡达标违反《陈述与保证》为由，致函潘宇海及蔡达标，要求立刻解除交易，立即解除各方之间的《框架协议》《定金协议》《股权授予协议》等“一揽子”交易计划。

在今日资本来函中提及的今日资本与蔡达标之间的《股权授予协议》使潘宇海产生了疑惑，因为他并不知道三方的股权转让框架协议还包含有这个协议。经询问今日资本后得知，当时蔡达标利用自己对真功夫公司的实际控制权，要求今日资本对真功夫整体按人民币 25 亿元作价，与此同时，却在《框架协议》中约定真功夫整体估值按照 20 亿元作价。在今日资本指定受让潘宇海 21.25% 股权的两家公司中，其中 King Champ 公司受让的 4.25% 股权根据《股权授予协议书》中约定，要以 1 美元的价格出卖给蔡达标。因此，虽然今日资本购买了真功夫 21.25% 的股权，但实际所获得的股权份额为 17%，剩余 4.25% 的股权则被蔡达标要求进行赠与他本人。不仅如此，今日资本被要求赠与蔡达标的该部分股权已超出蔡达标要出资购买潘宇海3.76%的股权份额。由此可见，蔡达标利用当时自己对公司的实际控制权，在此次股权交易中故意设计抢夺潘宇海作为创始股东权益的意图。

根据《框架协议》，任何一方违约导致交易无法完应当向另一方承担特别违约金人民币5000万元。鉴于《框架协议》的解除是因蔡达标涉经济犯罪原因所导致的，且其交易过程中存在恶意欺诈，潘宇海已经向广州市中级人民法院提起民事诉讼，要求追究蔡达标的法律责任。

据蔡达标等人涉嫌经济犯罪的起诉书中载明，蔡达标等人挪用、侵占的行为大多发生在2009年及2010年年初，并且绝大部分资金流到了其个人独资的东莞赢天以及该案共同主犯李跃义、蔡亮标所控制的公司及个人账户，用于秘密收购中山联动的股权，而并非用于支付2010年9月才签订的《框架协议》中的约定费用。

2011年4月，蔡达标因涉嫌经济犯罪正式被捕。2013年12月12日，广州市天河区人民法院认定蔡达标职务侵占和挪用资金两项罪名成立，判处有期徒刑14年①。

阅读提示

本文主要参考(1)http://money.163.com/special/view599/;(2)http://

① 广东省广州市天河区人民法院于2013年12月12日作出(2012)穗天法刑初字第1306号刑事判决，以被告人蔡达标犯职务侵占罪、挪用资金罪，数罪并罚，决定执行有期徒刑十四年，并处没收财产人民币100万元。

bbs. voc. com. cn/topic - 4699644 - 1 - 1. html);(3)广东省广州市天河区人民法院于2013年12月12日(2012)穗天法刑初字第1306号刑事判决等信息来源综合编辑。

五、亚洲前女首富华懋集团龚如心遗产纠纷案——遗嘱引发诉讼纠纷

据香港《明报》网站报道，中国香港已故的华懋集团主席龚如心死后将830亿港元遗产“全部拨归”华懋慈善基金，香港高等法院及上诉庭先后裁定基金只是遗产“信托人”并不是“受益人”。华懋慈善基金不服判决上诉至终审法院，终审法院18日发下判词，驳回基金上诉，裁定基金只是遗产“信托人”。

换言之，基金将来如何使用这笔巨额遗产，必须受更大的约束和监管。

英国御用大律师Brian Green作为华懋慈善基金的代表曾在庭上陈词表示，龚如心在2002年遗嘱中的首段第一句已表明该基金是由她与其丈夫王德辉共同创立，明确表示该基金对她的重要性，龚如心是出于本意把遗产馈赠给华懋慈善基金，且遗嘱写明“我所有财产于我离世之后全部拨归华懋慈善基金有限公司”中的“拨归”一词，包含“属于”和“转移所有权”的含义，也就是说，基金是龚如心财产的受益人。

作为香港律政司的代表人英国御用大律师Simon Taube则指，如果基金是龚如心的受益人，如果她的遗产不是慈善信托，则法庭将无权干预。相反，若法庭裁定华懋慈善基金是属于遗嘱的受托人后，便进入另一阶段，即可着手设立类似诺贝尔奖的奖项，届时法庭便可以介入，以确保相关奖项得以成立。

Simon Taube 一再强调,虽然龚如心在其遗嘱中,没有明确提出“信托”一词,但在遗嘱条款内容,已经可以肯定她是有成立信托的意愿,也肯定将财产用作慈善,认为基金指龚是无条件将遗产馈赠与基金,基金是受益人的说法,是违背龚的原本意愿。

Simon Taube 指目前基金正被追讨约 2 亿元的债务,若华懋慈善基金是龚如心的遗产受益人,一旦基金清盘,或有债主向基金追讨欠债,基金可用龚的遗产进行偿还,但如果基金只是信托人,便不能动用龚如心的遗产。

2007 年 4 月 3 日,香港“第一富婆”华懋集团主席龚如心病逝。按龚如心 2002 年订立的遗嘱,华懋慈善基金可认定为千亿财产继承者。几日后,风水大师陈振聪自爆自己是龚如心遗产的唯一继承人,表示龚如心在 2006 年重新订立了遗嘱。至此,华懋慈善基金和陈振聪均表示持有龚如心的遗嘱,但是,两份遗嘱的内容却大相径庭,一场巨额遗产争夺战逐步揭开了序幕,两份遗嘱也由此成为这场世纪官司的焦点。陈对外宣称自己是龚如心的唯一继承人,并公开他与龚如心的一张 20 世纪 90 年代的合影,并且其代表律师对外称俩人关系“亲密”,且这段亲密关系维持了 14 年至 15 年。

2009 年 5 月 11 日,“龚如心遗产争夺案”在香港高等法院开审。按香港法律,遗嘱以最后订立时间为准,因此陈振聪所持遗嘱的真伪,及他与龚如心之间的关系成为案件关键。香港高等法院裁定,陈振聪在该场遗产认证案中败诉,有关遗产将拨归华懋慈善基金。香港高等法院当时公布的判词长达 300 余页,指龚如心与陈振聪的关系仅属客户与“风水师”的关系,基金所持 2002

年的遗嘱是最后且有效的遗嘱。陈振聪持有的2006年遗嘱中龚如心的签名是伪冒。

2011年2月14日，中国香港特别行政区高等法院上诉庭驳回了原审败诉方陈振聪的上诉请求。陈振聪的法律代表称，将申请上诉至特区终审法院。

2012年5月18日，香港律政司以遗产守护人身份进入法院，要求法庭解释遗嘱相关的条文，包括确认华懋基金为受益人还是信托人。

2013年2月22日，中国香港特别行政区高等法院裁定："已故华懋集团主席龚如心在2002年遗嘱的意愿是成立慈善基金，并委任华懋慈善基金作为信托人，按照她在遗嘱中的指示，将其830亿元港币巨额遗产全部用作慈善。"

华懋基金不服提起上诉。律政司指出华懋慈善基金只是"奉命行事"的"受托人"，必须依据遗嘱把遗产用于慈善，并受到监管机构和法庭的双重监管。华懋慈善基金一方坚持基金是遗产的唯一"受益人"，而以龚仁心为首的基金董事局则有权决定如何执行遗嘱，而遗嘱本身仅属"指引"，基金有权"弹性"使用遗产。

2013年7月5日，陈振聪被香港法院裁决伪造龚如心遗嘱罪名成立，以伪造及使用虚假文书两罪并罚，须入狱12年。陈振聪在法庭上被法官怒斥"无耻凶狠""残忍邪恶"，有意抢走死者的遗产，判决宣读后立刻收监。

2014年9月15日，华懋慈善基金不服高等法院原讼庭及上诉庭认定基金只属遗产受托人的裁定，向香港终审法院提出终级上诉。案件经过两天半聆讯后，首席法官马道立表示押后裁决。

2015 年 5 月 18 日,终院裁定驳回。律政司的代表大律师指出,基金正被追讨债务,若基金只是信托人,便不能动用龚如心的遗产进行还债。

阅读提示

本文主要参考(1)https://news.china.com/domestic/945/20150518/19703764_all.html;(2)http://finance.sina.com.cn/stock/hkstock/hkstocknews/20130705/160516031394.shtml;(3)https://www.sohu.com/a/298666096_120055348;(4)中国法院网中所载《香港女富豪龚如心遗产案,华懋基金上诉终审法院》,2014 年 5 月 26 日;(5)《民主与法制时报》中《“企业继承”亟需专业法律服务》,作者:袁婷,2015 年 4 月 15 日等信息来源综合编辑。

六、上市公司高管离婚股权分割案——婚姻状况变化时的股权分割

上市公司的风险，不仅来自公司的经营、投资，还有诸多人际关系，稍有处理不慎，会影响上市公司的股价、股份变动。鉴于我国资本市场的历史沿革，第一代上市公司的富豪往往没有签订婚前协议或者婚内协议，所以，上市公司高管自身的婚姻状态变化便带来了上市公司股权的分割，牵动着上市公司的股价。现就A股历史上较为出名的几起高管离婚案件进行简析，以体现上市公司高管离婚带来的股市上的影响。

（一）A股最高“分手费”——昆仑万维实际控制人周亚辉离婚案

2016年9月13日，北京昆仑万维科技股份有限公司(300418，SZ，以下简称昆仑万维)发布公司公告称，公司董事长周亚辉与妻子李琼就股份分割达成一致，李琼分割获得昆仑万维2.07亿股股份，以9月12日收盘价25.33元人民币计算，股权价值超过70亿元人民币。但是，此次权益变动后，周亚辉仍控制昆仑万维3.86亿股股份，占公司总股本的34.4745%。昆仑万维的实际控制人并没有因此次分割发生变化，李琼也表示继续履行股份锁定承诺。

但截至2017年2月，自离婚公告以来，昆仑万维的股价从

25.33 元跌至 19.92 元,其间累计跌幅近 25%。

(二)公司第一股东离婚导致失去控制权

2019 年 9 月 16 日,沃尔核材发布公告称,公司第一大股东周和平就离婚财产分割的相关事宜作出安排,将其持有的 1.57 亿股、深圳市沃尔达利科技企业(有限合伙)持有的沃尔核材 2494 万股,转至前妻邱丽敏名下,共计 1.82 亿股。按当时沃尔核材的股价计算,合计人民币 9 亿元。

伴随离婚财产分割协议的生效,沃尔核材公司的股权结构也产生巨大变化:周和平可实际支配的表决权部分下降为 15.06%,为上市公司第一大股东。邱丽敏实际可支配的表决权将上升至 14.47%,为公司第二大股东。因为两人表决权接近,而且并不存在一致行动人或表决权委托的安排,加之其他股东所持股比例全部低于 5%,因此,导致公司处于无控股股东及实际控制人的状态。

(三)股东离婚导致公司股价下跌成为常态

2017 年 1 月 4 日,一心堂发布公告,控股股东阮鸿献、刘琼离婚,其离婚导致财产分割,股权分割后,阮、刘二人所持股份市值分别为 37 亿元和 20 亿元。虽然阮鸿献当时已明确表示将对上市公司认购约 1 亿元的股份,从而实现增持,但是,一心堂公司股价自 2017 年 1 月 5 日起随之下跌逾 1%,截至 2017 年 2 月累积跌幅近 6%。

无独有偶,2016 年,三维丝、五羊科技等几家上市公司的股价均在公告股东离婚的消息后大跌。这是由于投资者对公布离婚消息后的股东减持的预期往往并不乐观,从而对上市公司的股价产生负面影响,甚至很可能进一步影响公司的长远发展。

阅读提示

本文主要参考(1)《成都商报》2019 年 2 月 16 日 - 财经版;(2)《三湘都市报》2017 年 2 月 4 日;(3) https://www. sohu. com/a/125416370_161615;(4)昆仑万维(股票代码:300418)2016 年 9 月 13 日公司公告;(4)沃尔核材(股票代码:002130)2019 年 9 月 16 日公司公告等信息来源综合编辑。

七、夫妻共同债务问题——小马奔腾《对赌协议》导致遗孀负债上亿元

小马奔腾公司曾被资本估值54亿元，公司旗下诸多作品，《历史的天空》《武林外传》《甜蜜蜜》等让人耳熟能详。然而，2014年1月2日，其创始人李明突然离世，小马奔腾作为红极一时的民营传媒公司开始陷入股权争夺、控制权易主的混乱局面。然而，对李明遗孀金燕来说，雪上加霜的是因李明对赌失败，金燕被一审法院判决在其债务2亿元范围内承担“夫妻共同债务”的连带清偿责任。面对突如其来的变故，金燕表示无法接受一夜之间突然背负高达数亿元债务的判决结果，她表示：“对赌协议”自己并没有签字，巨额的投资款项，也没有用于夫妻共同生活，自己甚至都没有持有过小马奔腾一点股份。而后，金燕向北京高院提起了上诉请求。

根据法院判决，金燕被判承担2亿元的“夫债”，实际上是法院适用《婚姻法司法解释(二)》第二十四条进行裁判的结果。根据第二十四条的规定，对婚姻关系存续期间夫妻一方以个人名义所负的债务，法官原则上应认定为夫妻共同债务。除非夫妻一方能证明另一半与债权人之间明确约定债务的性质为个人债务，或能证明债权人提前已知悉夫妻早有各自财产独立的约定。换句话说，第二十四条指出夫妻一方对其另一半对外所负债务并非夫妻共同债务承担证明责任。小马奔腾案是《婚姻法司法解释

(二)》颁布以来法院适用第二十四条所裁判的金额额度最大的案件,因此在法律界也引起了一番针对夫妻共同债务认定标准的大讨论。

2018年1月17日最高人民法院发布《关于审理涉及夫妻债务纠纷案件适用法律有关问题的解释》(以下简称《解释》)对“是否属于夫妻共同债务”的举证责任进行了释明,将对夫妻一方大额举债认定为夫妻共同债务的举证责任从夫妻另一半转移至债权人承担。之后,2018年2月7日,最高人民法院又发布了《关于办理涉夫妻债务纠纷案件有关工作的通知》,明确正在审理的一审、二审案件,适用《解释》的规定。如此看来,该《解释》很有可能是适用小马奔腾遗孀金燕案件的。换句话说,如果适用《解释》第三条,除非债权人能证明李明所欠的2亿元债务用于了夫妻共同生活、共同生产经营,或者在借钱的时候金燕有签字,否则金燕就有极大的可能不用承担偿还债务的责任。

2019年10月二审判决出炉,小马奔腾董事长李明遗孀金燕仍然败诉。但金燕通过媒体对外称,自己将向最高法申请再审。

背景链接

1994年,李明创立小马奔腾前身北京雷明顿广告有限公司。

2007年,小马奔腾获得霸菱亚洲4000万美元注资。

2009年,小马奔腾文化传媒股份有限公司成立。

2011年,小马奔腾影院投资有限公司成立。

2011年3月,小马奔腾与建银国际影视出版文化产业投资基金签署“IPO对赌”协议。

2012年3月，证监会开展自查与核查运动，IPO事实上暂停，小马奔腾的上市之路受阻。

2012年9月，小马奔腾管理层通过个人关系在境外融资了2000万美元，向车峰筹资1500万美元，共同收购数字王国。

2013年7月，小马奔腾将数字王国转手卖给车峰控制的香港奥亮集团。

2014年1月，小马奔腾集团创始人李明去世。

2014年11月，小马奔腾宣布，公司董事李莉女士出任公司董事长，公司法定代表人由金燕女士变更为李莉女士。

2014年11月，建银国际影视出版文化产业投资基金向中国国际经济贸易仲裁委员提起仲裁。

2014年12月，北京市第三中级人民法院裁定，小马奔腾以6.35亿元回购战略投资股份。

2016年3月，裁定进入执行阶段，小马奔腾面临被拍卖。

2017年9月，法院判定小马奔腾债务为李明、金燕夫妻共同债务，金燕有义务偿还。

2017年10月，李莉、李萍持有的小马奔腾控股权被拍卖，接盘方为冉腾投资管理有限公司。

阅读提示

本文主要参考(1)《中国会展》2018年第5期中《莫让爱人为你的事业买单——从小马奔腾案看民营企业的家族财富传承》，作者：王丽；(2)http://finance.sina.com.cn/chanjing/gsnews/2019-10-24/doc-iicezuev4561815.

shtml;(3)央广网,《被判赔偿2亿　小马奔腾创始人遗孀金燕称“一万个不同意”》,2018年1月19日,https://baijiahao.baidu.com/s?id=1589111160355690455&wfr=spider&for=pc等信息来源综合编辑。

附件二　家庭财富安全相关规定

序号	名称	制定机关（施行时间）	主要内容	类别
1	中华人民共和国民法典总则编	全国人民代表大会（2021.1.1）	民法典总则编规定了民事活动的基本原则和一般规定。共分基本规定、自然人、法人、非法人组织、民事权利、民事法律行为、代理、民事责任、诉讼时效和期间计算	民法总原则
2	中华人民共和国民法典物权编	全国人民代表大会（2021.1.1）	民法典物权编分为五个分编，分别是通则、所有权、用益物权、担保物权以及占用。该编旨在明确物的归属，发挥物的效用，保护权利人的物权。其中，新增“居住权”为民法典物权编的亮点	涉物权主要规定

续表

序号	名称	制定机关（施行时间）	主要内容	类别
3	最高人民法院关于适用《中华人民共和国物权法》若干问题的解释（一）	最高人民法院（2016.3.1）	该司法解释针对不动产物权与登记、按份共有人优先购买权、善意取得等问题作出了相应规定。	
4	中华人民共和国民法典合同编	全国人民代表大会（2021.1.1）	民法典合同编分为通则、典型合同和准合同三个部分，通则分编以时间顺序为中心展开，包括合同的成立、履行、保全、担保、变更、转让、消灭以及违约责任的规范。典型合同分编则是规定了19种有名合同。准合同分编规定了无因管理和不当得利	涉债权主要规定
5	中华人民共和国担保法	全国人民代表大会（1995.10.1）	担保法旨在促进资金融通和商品流通，保障债权的实现	
6	最高人民法院关于适用《中华人民共和国合同法》若干问题的解释（一）	最高人民法院（1999.12.29）	该司法解释对合同法法律适用范围、诉讼时效、合同效力、代位权、撤销权、合同转让中的第三人及请求权竞合作出更详细规定	

续表

序号	名称	制定机关（施行时间）	主要内容	类别
7	最高人民法院关于适用《中华人民共和国合同法》若干问题的解释（二）	最高人民法院（2009.5.13）	该司法解释主要确定如下规定:(1)正式确立了情势变更原则;(2)格式条款从严认证;(3)合同书上捺手印与签字、盖章法律效力等同;(4)对合同形式及订立方式作出更宽泛的解释,更有利于日常交易;(5)对因违约金过高或过低可申请法院予以调整作出更详细的规定	
8	最高人民法院关于审理买卖合同纠纷案件适用法律问题的解释	最高人民法院（2012.7.1）	该司法解释主要是关于买卖合同成立效力、标的物交付和所有权转移、标的物风险负担及违约责任,明确所有权保留的买卖合同认定以及分期付款合同和试用买卖合同的约定	
9	最高人民法院关于审理商品房买卖合同纠纷案件适用法律若干问题的解释	最高人民法院（2003.6.1）	该司法解释对商品房预售合同的效力、商品房销售广告、拆迁补偿安置、房屋面积缩水、商品房的交付使用及风险承担、商品房质量、商品房包销、商品房担保贷款(按揭)等方面如何具体适用法律作出更加明确、具体的规定。其中,对房地产开发企业严重违反诚实信用原则、损害买受人利益的恶意违约、欺诈等行为,明确规定可以适用惩罚性赔偿原则	

续表

序号	名称	制定机关（施行时间）	主要内容	类别
10	最高人民法院关于适用《中华人民共和国担保法》若干问题的解释	最高人民法院（2000.12.31）	该司法解释主要明确了如下规定：(1)担保无效后的责任问题；(2)担保人承担不超过1/3的责任，这个1/3是债务人不能清偿的范围的1/3；(3)担保人承担不超过1/2的赔偿责任，这个前提在于主合同有效而担保合同无效，债权人有过错；(4)债权人无过错的时候，担保人承担连带责任	
11	最高人民法院关于审理民间借贷案件适用法律若干问题的规定	最高人民法院（2015.9.1）	该司法解释明确了如何界定“民间借贷”，民间借贷案件的受理与管辖，同时规定了民间借贷案件涉及民事案件和刑事案件交叉之时人民法院的处理。还规定了民间借贷合同的效力、网贷平台是否承担担保责任、民间借贷合同与买卖合同混合情形的认定、企业间借贷的效力、民间借贷合同无效的情形以及最后明确规定民间借贷的利率和利息	
12	最高人民法院关于审理融资租赁合同纠纷案件适用法律问题的解释	最高人民法院（2014.3.1）	该司法解释规定了融资租赁行为的认定问题、承租人对标的物出卖人的索赔权问题、关于租赁物毁灭是出租人的救济措施、承租人违约情形下的解除权及救济、租赁物善意取得的特别规定	

续表

序号	名称	制定机关（施行时间）	主要内容	类别
13	中华人民共和国民法典婚姻家庭编	全国人民代表大会（2021.1.1）	民法典婚姻家庭编旨在确定婚姻家庭关系的各个方面，包括一般规定、结婚、家庭关系、离婚和收养。其中，新增明确了“近亲属”的概念	涉婚姻家庭亲属主要法律文件
14	中华人民共和国民法典继承编	全国人民代表大会（2021.1.1）	民法典继承编旨在保护公民的私有财产的继承权而制定，规定继承从被继承人死亡时开始。其中，新增“遗产管理人”制度	
15	最高人民法院关于适用《中华人民共和国婚姻法》若干问题的解释（一）	最高人民法院（2001.12.27）	针对无效婚姻和可撤销婚姻的处理程序及法律后果、提出中止探望权的主体资格、子女、离婚损害赔偿等问题作出解释	
16	最高人民法院关于适用《中华人民共和国婚姻法》若干问题的解释（二）的补充规定	最高人民法院（2017.3.1）	该司法解释主要针对彩礼应否返还、夫妻债务处理、住房公积金及知识产权收益等款项的认定、军人复员费及自主择业费的处理等问题进行解释	

续表

序号	名称	制定机关（施行时间）	主要内容	类别
17	最高人民法院关于适用《中华人民共和国婚姻法》若干问题的解释（三）	最高人民法院（2011.8.13）	该司法解释重点对结婚登记程序瑕疵的救济手段、亲子关系诉讼中当事人拒绝鉴定的后果、夫妻一方个人财产婚后产生收益的认定、父母为子女结婚购买不动产的认定、离婚案件中一方婚前贷款购买不动产的处理、附条件的财产分割协议效力的认定等问题进行解释	
18	最高人民法院关于贯彻执行《中华人民共和国继承法》若干问题的意见	最高人民法院（1985.9.11）	该司法解释主要包括对原《中华人民共和国继承法》总则、法定继承部分、遗嘱继承、遗产处理部分的细化	
19	中华人民共和国公司法	全国人民代表大会（2018.10.26最新修订）	公司法旨在规范公司的组织和行为，保护公司、股东和债权人的合法权益	

续表

序号	名称	制定机关（施行时间）	主要内容	类别
20	中华人民共和国合伙企业法	全国人民代表大会（2007.6.1）	合伙企业法旨在规范合伙企业的组织和行为，保护合伙人的合法权益	财富领域常用商事法律文件
21	中华人民共和国个人独资企业法	全国人民代表大会（2000.1.1）	该法旨在规范个人独资企业的行为，保护个人独资企业投资人和债权人的合法权益	
22	中华人民共和国外商投资法	全国人民代表大会（2021.1.1）	该法作为新外商投资法律体系的基础性法律，确立了外商投资促进、保护、准入等方面的基本规则。主要内容如下：第一，让内资和外资企业从内外有别到一致；第二，强化征收保护和经常项目流通自由；第三，禁止强制技术转让；第四，明确规定政府承诺与投诉机制；第五，确定了公正透明的外商投资管理制度；第六，确立了外商信息报告制度	
23	中华人民共和国票据法	全国人民代表大会（2004.8.28）	该法规定票据的种类、形式和内容，明确票据当事人之间的权利义务，调整因票据而发生的各种社会关系的法律规范	

续表

序号	名称	制定机关（施行时间）	主要内容	类别
24	中华人民共和国证券法	全国人民代表大会（2020.3.1最新修订）	从证券发行、证券交易、上市公司收购、证券交易所、证券公司、证券登记结算机构、证券服务机构、证券业协会、证券监督管理机构以及法律责任全面规定了证券交易。 2020年《中华人民共和国证券法》进行了最新的修订，其中有十项制度改革的重点：全面推行证券发行注册制度、显著提高证券违法违规成本、完善投资者保护制度、进一步强化信息披露要求、完善证券交易制度、落实“放管服“要求取消行政许可、压实中介机构市场”看门人“法律职责、建立健全多层次资本市场体系、强化监管执法和风险防控、扩大证券法的适用范围	
25	中华人民共和国保险法	全国人民代表大会（2015.4.24）	保险法旨在规范保险活动，保护保险活动当事人的合法权益，加强对保险业的监督管理	
26	最高人民法院关于适用《中华人民共和国公司法》若干问题的规定（一）	最高人民法院（2006.5.9）	该司法解释规定了补偿法不溯及既往的原则、超过公司法约定的股东诉讼时间限制法院不予受理、补充讲述股份有限公司股东代表诉讼的股东的诉讼资格的细化等	

续表

序号	名称	制定机关（施行时间）	主要内容	类别
27	最高人民法院关于适用《中华人民共和国公司法》若干问题的规定（二）	最高人民法院（2008.5.19）	该司法解释主要内容是针对人民法院审理公司制企业法人解散和清算案件适用法律问题	
28	最高人民法院关于适用《中华人民共和国公司法》若干问题的规定（三）	最高人民法院（2014.2.17修订）	该司法解释对公司设立阶段发起人订立的合同按外观主义确定发起人合同责任、对非货币财产出资进行了专门规范、督促股东全面履行出资义务保障公司资本的充实、专门规制抽逃出资，抽逃出资与未尽出资义务等责任、规范了实际出资人和名义股东双方间的利益平衡	
29	最高人民法院关于适用《中华人民共和国公司法》若干问题的规定（四）	最高人民法院（2017.9.1）	该司法解释明确了以下内容：(1)对于公司决议全面继受日本发的“三分法”；(2)正确确立裁量驳回制度；(3)老股东知情权的有限支持；(4)固有权的限缩与公司自治的尊重；(5)优先购买权的理性回归	

续表

序号	名称	制定机关（施行时间）	主要内容	类别
30	最高人民法院关于适用《中华人民共和国公司法》若干问题的规定（五）	最高人民法院（2019.4.29）	该司法解释主要是保护公司尤其是中小股东权益，为优化营商环境提供良好的司法保障，内容包括关联交易的赔偿责任、对关联交易中相关合同确认无效与撤销、董事职务的无因解除与相对应的离职补偿、公司作出分配利润决议后完成例如分配的最长时效以及以调节方式解决有限责任公司股东最大分歧等问题作出规定	
31	最高人民法院关于适用《中华人民共和国保险法》若干问题的解释（一）	最高人民法院（2009.9.21）	该司法解释主要解决新旧保险法衔接问题	
32	最高人民法院关于适用《中华人民共和国保险法》若干问题的解释（二）	最高人民法院（2013.6.8）	该解释规定以下四个重点问题：(1)如实告知的内容和告知规则；(2)关于格式免责条款的提示义务和说明义务，把免赔额、免赔率、比例赔付或者比例给付等形式的条款都纳入免责条款范围；(3)关于保险合同中的代签名，肯定了投保人缴费行为的追认效力；(4)关于事故认定书的效力，关于交通事故的认定书，火灾事故的认定书等的效力采取了有效推定原则	

续表

序号	名称	制定机关（施行时间）	主要内容	类别
33	最高人民法院关于适用《中华人民共和国保险法》若干问题的解释（三）	最高人民法院（2015.12.1）	该解释的对象为人身保险部分的法律适用问题，主要是对人身保险部分的解释	
34	最高人民法院关于适用《中华人民共和国保险法》若干问题的解释（四）	最高人民法院（2018.9.1）	该解释明确保险标的转让的相关问题、明确保险合同主体的权利义务、明确保险代位求偿权的相关问题、明确责任保险的相关问题	
35	中华人民共和国信托法	全国人民代表大会（2001.10.1）	信托法旨在调整信托关系，规范信托行为，保护信托当事人的合法权益，促进信托事业健康发展	涉信托主要法律文件
36	中华人民共和国民法典继承编第1133条	全国人民代表大会（2021.1.1）	自然人可以依法设立遗嘱信托	
37	关于加强规范资产管理业务过渡期内信托监管工作的通知	中国银行保险监督管理委员会信托监督管理部（2018.8.17）	首次明确了“家族信托”的概念，明确了家族信托业务的门槛金额（1000万元）规定公益信托、家族信托不适用资管新规，但信托公司资金信托监管会受到更加严格的监管	

续表

序号	名称	制定机关（施行时间）	主要内容	类别
38	慈善信托管理办法	民政部，中国银行业监督管理委员会（2017.7.7）	对于慈善信托的设立、备案、财产的管理和处分、变更和终止、促进措施、监督管理和信息公开进行了全面系统的规定	
家庭财富安全税收相关规定				
39	中华人民共和国企业所得税法	全国人民代表大会（2018.12.29最新修订）		主要法律（部分）
40	中华人民共和国个人所得税法	全国人民代表大会（2019.1.1最新修订）		
41	中华人民共和国车船税法	全国人民代表大会（2019.4.23最新修订）		
42	中华人民共和国税收征收管理法	全国人民代表大会（2015.4.24最新修订）		
43	中华人民共和国增值税暂行条例	国务院（2017.11.19最新修订）		

续表

序号	名称	制定机关（施行时间）	主要内容	类别
44	中华人民共和国消费税暂行条例	国务院（2009.1.1最新修订）		暂行条例（部分）
45	中华人民共和国城镇土地使用税暂行条例	国务院（2019.3.2最新修订）		
46	中华人民共和国税收征收管理法实施细则	国务院（2016.2.16最新修订）		行政法规（部分）
47	中华人民共和国房产税暂行条例	国务院（2011.1.8最新修订）		
48	中华人民共和国增值税暂行条例实施细则	财政部（2009.1.1）		税收规章（部分）
49	中华人民共和国税收代理试行办法	财政部（1994.10.19）		
家庭财富安全反洗钱相关规定				
50	中华人民共和国反洗钱法	全国人民代表大会（2007.1.1）		主要法律

续表

序号	名称	制定机关 （施行时间）	主要内容	类别
51	国务院办公厅关于完善反洗钱、反恐怖融资、反逃税监管体制机制的意见	国务院办公厅 （2017.8.29）		行政法规

注：《中华人民共和国民法典》自2021年1月1日起施行。《中华人民共和国婚姻法》《中华人民共和国继承法》《中华人民共和国民法通则》《中华人民共和国收养法》《中华人民共和国担保法》《中华人民共和国合同法》《中华人民共和国物权法》《中华人民共和国侵权责任法》《中华人民共和国民法总则》同时废止。

图书在版编目(CIP)数据

私人财富安全守卫之道：律师教您玩转"守财"法律工具／李世亮，李海嘉著．--北京：法律出版社，2020

ISBN 978-7-5197-5068-8

Ⅰ．①私… Ⅱ．①李… ②李… Ⅲ．①财产权-法律保护-研究-中国 Ⅳ．①D923.24

中国版本图书馆CIP数据核字(2020)第202041号

私人财富安全守卫之道
——律师教您玩转"守财"法律工具
SIREN CAIFU ANQUAN SHOUWEI ZHIDAO
—LÜSHI JIAONIN WANZHUAN"SHOUCAI"
FALÜ GONGJU

李世亮　李海嘉 著

责任编辑 慕雪丹　章　雯
装帧设计 汪奇峰

出版 法律出版社
总发行 中国法律图书有限公司
经销 新华书店
印刷 固安华明印业有限公司
责任印制 胡晓雅

编辑统筹 法商出版分社
开本 A5
印张 8.125
字数 168千
版本 2020年11月第1版
印次 2020年11月第1次印刷

法律出版社／北京市丰台区莲花池西里7号(100073)
网址／www.lawpress.com.cn
投稿邮箱／info@lawpress.com.cn
举报维权邮箱／jbwq@lawpress.com.cn
销售热线／400-660-8393
咨询电话／010-63939796

中国法律图书有限公司／北京市丰台区莲花池西里7号(100073)
全国各地中法图分、子公司销售电话：
统一销售客服／400-660-8393/6393
第一法律书店／010-83938432/8433　西安分公司／029-85330678　重庆分公司／023-67453036
上海分公司／021-62071010/1636　深圳分公司／0755-83072995

书号:ISBN 978-7-5197-5068-8　**定价**:58.00元
(如有缺页或倒装,中国法律图书有限公司负责退换)